トマトが切れれば、メシ屋はできる
栓が抜ければ、飲み屋ができる

宇野隆史

日経ビジネス人文庫

はじめに

メシ屋、飲み屋というのは、やろうと思えば誰だってできる商売だ。

だってさ。銀行員や医者になろうったって誰もがなれるわけじゃないけど、例えば居酒屋の定番人気メニュー、「冷やしトマト」なんて、ただトマトを切るだけだし、ビールだって栓を抜くだけでお客さんに「どうぞ」って出せるでしょ。それで原価より高いお金をもらって稼ぎにできる。こんな商売、ほかにないんじゃないかと思う。

そんなことに気が付いたのは、大学生のときだった。

大学は経済学部に行ったんだけどね。周りのみんなが就職活動を始める中、オレは銀行員にはなれないな、なんてぼんやり考えていてさ。講義では、サムエルソンの経済学なんかの話をして、すごいグラフとか出てくるんだけど、全くおもしろくないんだよね。オレの世界じゃないなと思った。

そんなある日、夫婦でやってるおでん屋に入ったんだ。人様が作ったおでん種をダシに入れて、ぐつぐつ煮たものを出しているだけ。それなのに、その店はすごく流行《はや》っていて、夫婦は年に合計一カ月ぐらい「海外旅行中につきお休み」なんて貼り紙を店頭に出している。これはいい。これなら、オレにもできて、人生おもしろくやっていけそうだ。そう思った。

それでも、大学まで行ったのにいきなりおでん屋をやったら親が悲しむと思って、最初は「会社」に就職した。少しでも飲食業界に関係があるところに入ろうと思って、新聞の人材募集を見てコーヒー豆の販売会社に入ったんだ。

若造だったからね。コーヒー豆の買い付けに南米まで行っちゃったりして、なんて夢想もしたけど、オレが配属されたのは、その会社直営の喫茶店。それが、オレの飲食業界でのスタートになった。

店では、一〇代からそこで働いている年下の先輩の下で働いた。でも、おとなしく言われたことを黙々とこなそうなんていう気は全くなくてさ。まずは、どうやって目立とうかと考えた。先輩がモップで床を掃除しているのに目を付けて、「こりゃ、雑巾で掃除したら、三カ月もすれば注目されるぞ」と思った。そうしたら、一カ月で会社の上の人が店にやって来て、「君、えらいね」って褒められた。自分なりの工夫をするのが大好きで、しょっちゅう、ああでもないこうでもないって考えて、あれこれ試していた。チェーン店なんかじゃなくて、小さな店だからできたことだったと思う。

店の女の子の気を引きたくて、どうやったら彼女たちが喜ぶかなんてことも、いつも考えていた。目を付けたのが、各テーブルに置いてあるシュガーポットだ。彼女たちには毎朝、このポットに砂糖をつぎ足すという面倒な仕事があってさ。それで、朝、女の子たちが来る前に、ポットを白い砂糖でいっぱいにしておくようにしたの。そんなの、朝一〇分早く来ればいいだけのことでしょ。一発で、「宇野くん、いい人ね」って株が上がったよね。

その店は大手デパートの別館にあって、デパートのおえらいさんもよくコーヒーを飲みに来た。ある日、そんな年配のお客さんの一人に「久しぶりにゼロ戦に乗れる男に会ったよ」って言われたの。戦闘機というものは、撃ち落とされないよう常に後方に気を配らなくてはいけない。オレの接客にそんな気配りが垣間見えたのか、なんでそんなことを言われたのかまるで覚えていないけど、うれしかったことだけは、はっきり記憶にある。

一年半ぐらいその店で働いているうちに、お客さんとして来ていた人に誘われてね。店を出て、その人が経営するコーヒー店の店長をやることになった。それが、独立に向けた第一歩だ。

その後のことは、本書のあちこちで書いているから、読んでほしい。

飲食の世界に入って、オレももう五〇年以上になる。

つくづく思うのはさ。やっぱり飲食業ってのは、「楽な商売」なんだよね。みんなさ。よく、お客さんが入らないとか、なかなか思うように売れないとか、大変だ大変だ、って言うよね。でも、オレたちが売っているものを作っている人たちの苦労に比べたら、とても大変だなんて言えないと思うんだ。だってさ。農家の人は、おいしいトマトを作るために、畑を耕したり、草むしりしたり、天候と闘ったりしているわけでしょ。ビールだって、すごい数の人がすごい研究を重ねて、立派な工場を建てて、おいしい製品を作り上げる。そんなふうに、たくさんの人が一生懸命時間をかけ作り上げたものを、お客さんに「おいしいでしょ」って食べたり飲んだりしてもらうための努力なんて、努力のうちに入らないと思うんだよね。楽しいと思ってやらなきゃ、ウソだと思う。だってさ、草むしりなんてオレ、五分もやったらへばっちゃうよ。

楽しんで商売をする――。長くこの仕事を続けてきた中でも、ピカいち、そんな生き方をしてきたヤツのことを少し話したい。ある小さな洋食店をやっていた、ユウジってヤツのことだ。

ユウジとの出会いは強烈で、オレの商売への考え方を変えたようなヤツなんだけどさ（これも、本文に書いたので読んでほしい）。そいつは、とにかく自分の周りにあるものをなんでも商売に結び付けちゃうようなヤツだったの。

友達になって、一緒にヨーロッパに旅行に行ったときなんかね。レストランに食事に入るたびに、断りもなくずんずんキッチンに入って調理をしているところを見に行くの。当然レストラン側は、何してるんだって気色ばむでしょ。すると、自分は日本で地中海料理なんかを出す店をやってて料理に関心があるんだ、なんて、言葉もできないのに身ぶり手ぶりで説明するわけ。オレなんか、冷や汗ものでさ。

でも、レストランの店主も同業者だからさ。話し始めると、日本ではどんな料理を出してるんだって興味がわくんだよね。それで、レストランに行くたびにそこの店主と仲良くなって、一緒に肩を組んで店の前で写真を撮ったり、その看板やメニューをカメラに収めてね。それで、日本に帰って来たら自分の店に、撮影した何十枚という写真を貼ったの。それって、お客さんから見たらすごく楽しいし魅力的でしょ。そんなふうにユウジはいつも、顔を輝かせながら店を活気付ける工夫をしていて、店はお客さんでにぎわっていた。

難しいことを考えなくてもさ。少し周りを見回すだけで、店を魅力的にするネタって本当にどこにでもある。そんなことをユウジは教えてくれたと思う。

うちの店からは、毎年五、六人の店長が、「卒業」と言って独立する。そういう子たちは、だいたい店のスタッフを一人とか二人、店を手伝ってもらうために連れていくから、正直、うちにとってはすごく厳しい。

それでもオレは、その子たちに店を辞めるなって言おうとは思わない。だって、飲食の道に足を踏み入れたからには、絶対に一国一城の主にならなきゃ、人生楽しくないと思うわけ。一生人に雇われて、つまらない顔をして毎日を過ごしていたら、人間ダメになる。オレはうちの子たちに、いつまでも輝いていてほしいんだ。

だいたい、スタッフを独立させずに自分で抱え込み会社を大きくして、何が楽しいんだろうって、オレは思っちゃうんだよね。規模が大きくなれば、会社を管理するだけの人生になってしまう。そんなの、オレは絶対にお断りだ。オレはあくまで人生を楽しむために、この道に入ったんだからさ。

うちの店の卒業生は、今や北海道から沖縄まで日本全国にいる。その子たちがみんな楽しみながら店をやっている。いろんな工夫をして店をやって、「へえ、こんなことやってるんだ」なんて、オレを驚かせ刺激してくれる。それで、自分が育った「楽（コーポレーション）」の店を、いつまでもすごく大切に思ってくれている。オレにとっては、すごい財産なわけ。会社を大きくして全国展開なんかしても、こんな幸せは絶対に手に入らない。

これまで、うちの店からは多くの卒業生が巣立っていった。一〇〇人を超えたところで、もう何人だか分からなくなっちゃったけど、今では数百人になってると思う。うれしいことに、卒業生の店から独立して店を持つ若者も増えてきている。オレにとっては「孫」みたいなもんだ。

この本ではそんな子たちに、オレが普段から話していることをまとめてみた。文庫になる前の元の単行本の初版は二〇一一年だから、値段の感覚や流行など、今と違うところもある。でも、商売に大事なことは全く変わらないから、あえてそのままにした。かえって、繁盛店の基本がどの時代でも同じであると、分かってもらえると思う。タダの居酒屋の親父の話だけど、これから店を持とうと思っている人、店をやるのが「大変」で楽しくなくなってしまった人に、少しでも役立ったらうれしい限りです。

楽コーポレーション会長　宇野隆史

もくじ

3 料理ができなくても、人気メニューはできる……133

――メニュー作りの極意

4 お客さんを喜ばせるのは簡単だ……177

——接客の極意

5

「売ろう!」と思えば、モノはじゃんじゃん売れる……221

――「売る」ことの極意

構成　大塚千春
写真　室川イサオ（19、83、99、153、237ページ）
木村 輝（181ページ）
稲垣純也（292ページ）

原点となる東京・経堂にある店でスタッフと飲む著者（2011年）

1

店作りの基本のキ

儲からない店なんて絶対にない

こう考えれば、店は繁盛する！

自分の店を持とうというとき、「もしお客さんが来てくれなかったら」という不安を持つ人は多いんじゃないかな。でも、そんなことを思うようだったら、店を持つのはやめた方がいい。

そもそもオレは、儲からない飲食店はないと思っている。

人間、誰でも毎日飲み食いする。食べるというのは、人が生きていくのに欠かせない行為でしょ。ピザだって、ラーメンだって、ビールだって、食べたい、飲みたい人は山ほどいる。そうしたら、それを提供する店が流行らないわけがない。

だから、店を始めるときには、「お客さんが来なかったらどうしよう」なんて考えてちゃダメだ。「これなら絶対来る」という自信がなきゃ、店なんて持たない方がいい。

寿司屋やフランス料理店みたいに、料理人の腕が必要な店は、同じ飲食店といっても話は違うよ。でも、オレのやっている居酒屋のように、料理のプロでなくてもできるような店では、儲からないなんて絶対にない。だって、スーパーで一個一〇〇円で買ったトマトが、五〇メートル先にある店で冷やしてスライスしただけで三〇〇円になる。うっかりすると「やす〜い！」なんて、お客さんに喜ばれるような世界だよ。こんなに簡単に付加価値を付けられる商売はほかにないじゃない。

そもそも、オレがこの世界に入ろうと思ったきっかけの一つが、こんな飲食業のすごさに気が付いたことだった。大学時代、下北沢によく行くおでん屋があってね。おでん以外は鶏のモモ焼きとビールぐらいしかない店でさ。それなのに、店の夫婦は年に合計一カ月ぐらい海外旅行していたのね。今のように誰もが海外へ行く時代じゃない、一九六〇年代、一ドル三六〇円の時代にだよ？

こりゃ、すごいと思った。

だって、おでんなんて、言ってみれば人様が作ったものをダシに入れただけでしょ。なのに、元の値段より随分と高い値段で売れる。衝撃だった。それで、これが商売になるなら、オレでも成功できると思ったんだ。

とは言っても、オレもこの業界に入りたての頃は失敗もした。若者をターゲットに最初にやった居酒屋では、ビーフシチューやハンバーグを朝から一生懸命作ったのに、なかなかオーダーがなかった。どうしてかなぁと思ってたけど、あるとき、気付いたんだ。**営業を終えた後、オレが仲間と行く飲み屋で食べるのは、ナスやピーマンをただ焼いたものだったんだよね。それが、オレたちが頑張って仕込んだハンバーグと同じ六〇〇円。結局、飲み屋で食べたい料理って、こういうものなんだと思ってさ。手をかけない商品だけど、お客さんはうれしい。店は楽。商売として「どっちが本当?」と考えたわけ。**

そこで、ちょうどその頃、福岡で流行っていた店をヒントに、炉端焼きを取り入れたんだ。本物の囲炉裏なんて作れないから、焼き鳥を焼く台をカウンターの前に二つ並べてね。その上に、鎖を下げて棒を渡して干物をぶら下げたんだよ。そうしたら、これが大当たり。干物は一日で全部売り切れて、干物だけで、これまでの食べ物のメニュー一日分の売り上げをまかなっちゃった。すぐに、メニューをそっくり変えたよ。お客さんも増えたね。

みんなよく、売れないで「悩んでる」って言うでしょ。これがオレにはよく分からないんだよね。**メニューを作ったり、店の内装を考えたりするのは楽しいでしょ。売れない原因を考えるのだって同じ仕事なんだから、「悩む」んじゃなくて、おもしろいと思えばいいと思うんだ。**

例えば、同じものを売っていて、隣の店は入るけど、うちは入らない。なんでだろう、と思うよね。何が違うのか、隣の店をのぞきに行ってみるだろう。でも、「売れなくて悩んでいるからのぞきに行く」と考えたら、「本物」の飲食店経営者じゃない。「興味があるから行ってみる」ってふうに考えられなきゃ、ダメだと思うんだ。心の持ち方ひとつで見方は変わるし、吸収できるものも増える。商売も変わるんだよね。

ラーメン屋なんかはさ。オレはいつももったいないなって思うの。ラーメンってのはさ、どんなところでも、大抵素材にこだわりを持ってるじゃない。スープなんかは、すごい材料を使ってる。だけど、お客さんはずん胴で煮込んでる状態しか見られないから、すごさが全然分からない。

オレだったらさ、客席カウンターと対面になる厨房の壁にガラスドアの冷蔵庫を入れる。それで、一日分のスープの材料を中に吊るして、扉に「○月○日分、トンコツ五〇キロ、鶏もみじ（鶏の足）三〇キロ」とか書いておく。干し魚を入れた袋にも、「○月○日分○キロ」って貼って客席から見えるところに置く。こんなふうにしたら、お客さん、へぇーって思うよね。今と同じラーメンを出したって、もっと売れる店になると思うんだ。

だいたい、売れていないっていう状態も、考え方次第。オレは一日三万円の売り上げでも、ダメだとは思わない。三万円だったら、客単価二〇〇〇円なら一五人お客さんが来てるわけ。見ず知らずの一五人との出会いがある。それも、自分の店を選んで入ってくれてるわけだから、それだけでうれしいじゃない。自分が選んだ商売で、物事をマイナスに考えてちゃ、もったいないよね。こういうときの気持ちの持ち方が、「売れる店」につながっていくんだ。

飲食業界に入ったからには、いずれは自分の店を持とうよって、オレはいつも店の子たちに言っている。自分で店を経営するっていうのは、本当に楽しいし、手応えを感じる。何より、自分が努力した分だけ、しっかり儲けを手にできる。一生誰かの下で愚痴を言いながら働くよりも、店を持て！　そして商売を楽しめ！　オレはそう思うんだ。

流行りは追うな、自分が楽しめる店を作れ

どんなお客さんを意識した店を作るか。これは、流行るか、流行らないかで考えるんじゃなくて、自分がどんな店をやりたいか、どんな店なら仕事として長く続けていきたいかで決めるもんだと思う。

オレはさ。いつも女の子が来たくなるような店作りを意識してるんだけどね。それは、そういう店を作れば流行るから、って思ってるんじゃなくて、自分にとって、そんな店なら長く続けていられると思うからなんだ。

例えば、都内に海鮮料理でものすごい人気の居酒屋があるんだけどさ。安くて、ボリュームがあって、新鮮な魚を出す。原価率を考えたら、とてもほかではマネができない。こういう店は、特定のお客さんの層を意識する必要はない。だって、料理のバリュー感がすごいんだから、それだけで女の子だってサラリ

ーマンだって呼び込める。極端なことを言えば、接客がなくてもお客さんは怒らないだろう。そして、このバリュー感を出すには、すごい努力をしてるんだろうって思う。

ニューヨークでも、すごいバリュー感がある店に行ったことがある。焼きそばが二ドル、ビールが一ドルなの。それで連日超満員なんだ。でも、店員はお客さんのオーダーをさばくだけ。そりゃそうだよね。たった三ドルで、接客まで要求されたら、お店の方が怒りたくなるよね。

でも、オレ自身は、そんな三ドルの店をずっと続けていけないな、と思っちゃうんだよね。

長く続けていくなら、オレは値段で努力をするよりも、接客でお客さんを楽しませる商売をしたいと思うんだ。それで、接客をするなら、女の子が来る店がいいな、と思うわけ。だって、自分が楽しいじゃない。

楽しい店をやっていれば、店の子たちやアルバイトの子たちにだって、飲食業っていいな、って思わせることができる。うちから店の子が独立していって、また楽しい店をやってくれたら、オレ自身の財産にもなる。これは、店としていいか悪いかじゃなくて、自分の人生に何を求めていくか、ということだと思う。

だから、店を作るときは、どんな店をやったら流行るかばかりを考えるんじゃなく、自分自身が心から楽しいと思える店をやる。それが、長く商売を続けていく基本だと思うよ。

ある馴染みの人気ラーメン屋があるんだけどさ。馴染みって言ったって、せいぜい一〜二年に一回行くぐらいなもんなんだけど。でも、店に入ると必ず、「また来てくれたの」ってふうに声をかけてくれる、感じがいい親父がいてね。一〇席ぐらいの小さな店なんだけどさ。日本酒を置いていて、酒のつまみもいろいろある。それで、どんなに混んでいても、お酒を飲んで、ゆっくりできる。回転をよくしようとはしないの。新聞紙でくるんで、ラベルが見えないお酒を出したりしてさ。「これ何?」って聞くと、「おいしけりゃいいじゃない」なんて言ってね。楽しい店なんだ。

その親父がさ、これまた「スペインの国際麺会議に出る」とか、ジョークを書いた貼り紙をして、夏は一カ月ぐらい休むんだ。店にクーラーがなくて、自分が暑いもんだからさ!

あるとき、そんな貼り紙の前を、店の常連らしき高校生たちが通ったんだ。それで、「あ〜! 今日休みだ」「ここのラーメン屋、カッコいいんだぜ。年中休むの」なんて、話してるの。

そんなふうにお客さんに思ってもらえる店は、強いと思う。

だってこれが、チェーン展開をして新宿にも渋谷にも店を出したといったって、若者から「カッコいい」なんて言葉は出てこないわけじゃない。店に「価値観」があってそれがにじみ出てるから、あの店主はカッコいい、ってお客さんに思ってもらえる。

うちの店の子で、出身地でもなんでもないけど、絶対八丈島に店を出したいって子がいるの。沖縄の、それも南の端にある波照間島で、商売している子もいる。そんな場所で店をやる子は、自分自身がすごく楽しいから、そこで商売をするんだと思うんだ。そういう価値観は、お客さんに伝わる。だから、お客さんにとっても楽しい店ができるんじゃないか、そう思うんだよね。

勉強ができなくても、繁盛店はできる

いずれは自分で店をやりたいってオレのところに来る子たちは、最初からみんな、「できそうなヤツ」ってわけじゃない。学校の勉強はできなかったなんて子は、いくらでもいるよね。中にはちょっとだらしないかな、って思う子が面接に来ることもある。でも、オレは来る者拒まずで、どんな子でも受け入れているんだ。これだけ飲食店がある中でうちを選んでくれたんだから、何かの縁があると思うんだよね。

そもそも、居酒屋なんかは店主がマジメすぎる方が、店を流行らせるのにちょっと苦労したりする。たくさんの店を展開するチェーン店などで店長をきちんと務められる資質と、小さな店を繁盛させる経営者になれる資質は同じわけじゃないからね。

会社組織の中で店をまとめていくならさ、きっちりとした人でないと部下やアルバイトスタッフが付いて来ないんだよ。だけど自分の店なら、必ずしもきっちりできることだけが重要じゃない。来たお客さんを喜ばせることができれば、店はやっていける。店のイメージはきりっとした方がいいけど、それは毎日制服をクリーニングに出してパリッとさせるとか、坊主頭にするとか、誰でもできるようなことをするだけで全然違ってくるからね。

お客さんがどんなことをしたら喜ぶのか。それを考える力を身に付けられる子かそうじゃないのか。その方が、店を持つ上では重要だよね。

もっとも、二軒以上の店を持つには、しっかりサポートしてくれる人材が自分に付いて来ないとダメだから、いい加減なところがある人には難しい。それでも、五、六坪から始めて二〇坪ぐらいの規模にまで自分の店を広げていくことはできる。二〇坪の店を流行らせたら、かなりいい生活ができるはずだよね。居酒屋なら、誰だってそんな目標を抱ける。それが、この商売の良さなんじゃないかな。

一方で、オレが無理だと思うのはさ、仲間と二人で店を出すこと。ときどき、手持ちの資金に余裕がないからって、そんなことを考える子もいるんだけどね。店はやっぱり自分が一国一城の主にならないと、うまくいかない。相手に対し、「いつもオレがトイレを掃除している」とか、細かな不満もたまりがちになるからね。

二人で一〇坪の店を出すぐらいなら、それぞれが五坪の店をやるべきだ。そして、一軒を流行らせてから、店を大きくしたり二軒目を出したりすればいい。

そもそも、店のことを一から一〇まで自分でやってみないと、店を経営するための本当の実力は付かないよ。借金だって、自分一人で背負って返していくというプレッシャーがあるからこそ、流行る店にしようという原動力が生まれるんだ。

中には、店を出す資金を貯めるために賃金のいい別のアルバイトをする人がいるみたいだけど、そんな時間があったら、賃金が安くても飲食の現場で働いて実力を蓄えていくべきだよね。

だってさ。もし、ボディービルダーとたたき上げのプロレスラーが、リング上でプロレスの試合をしたらどうなると思う？　同じような筋肉が付いているように見えても、経験の差が大きくて勝負にならないだろう。店の経営も一緒。成功するのに近道はないんだよね。とにかく現場に立ち、売ることに頭をひねり続けること。それが何より大切なんだ。

開業資金は「遊び心」を出す余裕を残して使う

オレはさ。独立を考えている若い子たちに、いつも開業資金の目安として五〇〇万〜六〇〇〇万円を貯金しろ、と言ってるの。うちの店だったら、たっぷりしたまかないが二食付くから、食費は必要なし。それで、一カ月に一〇万円貯金して、五年で六〇〇〇万円貯める。そうすれば、金融機関から借りるお金を足して、少し余裕を持って開業ができる。

でも、どうしてもそこまで貯められなかったとしても、おもしろい店ができないわけじゃない。**重要なのは、手持ちのお金をどこに使うかだ。**

うちの店から独立した子でね。早く結婚して子供もいるので、どうしても開店資金が三〇〇万円しか貯められなかった子がいるんだ。その子が候補物件を見に行ったら、前に喫茶店だった一五坪の店と、トイレだけが付いた八坪の物件があったわけ。売り上げを考えれば、どうしても規模は欲しくなる。その子は、一五坪の店に引かれてたんだけど、保証金が二〇〇万円かかる。そうしたら、手元に一〇〇万円しか残らないでしょ。一〇〇万じゃあ、資金繰りがキツくて、お客さんを楽しませる仕掛けにまで手が回らない。

八坪の物件にすれば、資金的に余裕ができるから、できる範囲で一番おもしろいことをやろう、という発想が出てくる。それで、こっちを選んで、店に屋台を入れたらおもしろいんじゃないかということになった。内装費もかからないしね。

厨房機器は立派なのは入れられないから、おにぎりなんかをラップで包んで置いておく。お客さんの目の前に置いておけば、「おにぎりどうです?」「じゃあ、お願いします」「いくつですか?」なんて、やり取りも生まれる。電子レンジで温めて、パリパリの海苔を付けて出してもいい。焼酎は三〇種類ぐらい揃えて四〇〇円均一にするとか、お客さんを喜ばせるイメージも広がってくるでしょ。メニューを増やすなら、自分のアパートの台所を使えば下ごしらえ用の立派な厨房になる。資金が少ないのなら手近のものをすべて利用しないとね。

八坪の物件が良かった理由は、ほかにもある。場所が車が行き来する道路沿いで、ちょうど信号待ちの車が止まるところだったんだ。停車中の車に乗っている人は、まずあたりを見るでしょ。それで、建物の中に屋台が入った店があったら、驚いて店に興味を持ってくれると思うんだ。

はしごの上で爪先立ちしたら、絶対危ないでしょ。この場合、一五坪の店というのは、そんなふうに、いっぱいいっぱいなところがある。**店に「遊び心」を出す余裕がなくなるような無理な投資はしちゃいけない。これが、オレたちの商売が成功する秘けつだと思うんだ。**

オレの店から独立した子はさ、今では、複数の店を経営している子も多い。車が一輪車より二輪車、二輪車より三輪車の方が安定するのと同じで、やっぱり経営は三軒ぐらい出すと安定してくる。それには、開業後も頑張って資金を貯めなきゃいけない。

オレが居酒屋を始めたときはさ、最初の三年は店を広げることで一生懸命だったの。資金を貯めるために夜の一二時以降にどんなことをしても一万円は売って、それは貯金するというふうに決めていた。それを定期的に銀行に預金に行けば、入金額は小さくても、銀行の信用だって自然に厚くなって、借り入れもしやすくなってくる。

深夜一時に店を開けているとさ、お客さんが何千円か持って、「まだいいですか？」なんて恐縮した感じで入って来てくれる。ありがたいことだよね。だから、その頃のオレは夜中の三時でも、眠いなんて思ったことがなかった。どんどん売れるのが楽しくて、いつも深夜三時、四時まで店を開けていた。うちから独立した子でも、深夜に頑張ってる子は多いよ。

不景気のときも出店のチャンス

店を出すのにいい時期、悪い時期はあるのかって聞かれることがあるんだけどさ。力がある店なら、どんな時代にオープンしたって生き残っていくはずだよね。だってさ、大学を卒業してサラリーマンになる人なんかは、就職の時期を選べないわけでしょ。それでも、できるヤツは伸びていく。それと同じことだと思うんだ。

うちの店の子たちも、経済がいいときだって悪いときだって、どんどん独立していく。独立するペースが落ちるわけじゃない。それで、おもしろい店を作って繁盛させているよね。

そもそも、飲食店をやる意味とは何かって考えるとさ、この職業を選んだ人って、ほかの仕事より人生楽しく生きられそうだから、この道に入ったんじゃないかと思うんだよ。だから、ものすごく儲けなくても、楽しく生きていくだけの稼ぎがあれば、本当はいいわけじゃない。

「儲けよう」というのが先に立っちゃうとさ、むやみに流行りを追ったり、周囲に流されたりする。流行っていうのは怖いからさ、一時期ワーッと盛り上がるけど、潮が引くのも早い。ブームの跡形もないかつて流行った食べ物屋って、誰でも一つ、二つ、すぐ思い浮かぶよね。

そりゃ、メニューには、そのときどきの流行りをうまく取り入れていく必要がある。でも、例えば一時期ジンギスカンの店がちまたを席巻したように、店全体で流行りを追っちゃダメだ。

オレたちのような小さな店は、流行りを追いかけるんじゃなくて、飽きられることがない「普通の店」を目指すべきなんだよね。

不況ってのは、長く商売をしていれば必ず誰でも経験することだ。だから、そんな時期に店を出すのは、自分に力を付ける最大のチャンスにもなるんだ。

オレも景気が悪い時期には、どうやったら店の子たちに店をうまくやっていく力が付くかって、普段以上にあれこれ考える。あるときは、うちの店の店長たちに店をやっていく上で大事なことを五つ挙げて優先順位を付けさせ、現状を五段階で評価させた。やらなきゃいけないことや、現在の自分の立ち位置をはっきり認識すれば、それより良くしていこうという目標ができるからね。

飲食店にとってはさ。やっぱり、掃除とかがものすごく大事だと思うんだよね。お客さんが気持ちよくいられる店作りの、最も基本的なことだ。当たり前だと思うかもしれないけど、実際には店内にライトがいっぱいあって、ついホコリをためてしまう、なんてことが起きる。漫然と掃除していると、なかなか目が行き届かない。

そんなとき、どうしたらいいか。**例えば、ペンダントライトが二〇個ぶら下がってたらさ。それぞれのライトに掃除の担当者を割り振って、名前を付けるんだ。「ここからここまではコウジ」とかね。そうすると、隣のライトより自**

分の方が汚いと気になるわけでしょ。こんな風にすれば、どんなところでも、きれいに掃除できるはずだ。

不況だけじゃなくてさ、店をやってると、自分が飛躍する大きな転機ってあると思う。オレの場合、二〇代後半にこんなことがあった。

当時、世田谷の、自分の店の近くに洋食屋があったの。カナダドライの緑色の看板があって、豚のショウガ焼きなんかを出してる店でさ。おもしろいなと思って中に入ったら、厨房でコック服を着た店主が、踊りながらフライパンを振ってるんだよ。へえって、ちょっと驚いた。

おまけにさ、オレがカウンターに座ると、やっぱり踊りながら「近所？」「いくつ？」「名前、何て言うの？」なんて聞いてくるの。普通、洋食屋で名前なんて聞かれないでしょ。

「二七？　オレは二四。ユウジって言うんだ」って調子でね。それでさ、帰ろうとしたら、最後に「サービスだけど、宇野、コーヒー飲む？」って言うんだよ。これには本当にびっくりした。お客でオレの方が年上なのに、いきなり長年の友達みたいに呼び捨てだ。ぐっと引き込まれた。

その頃のオレはさ、コーヒー店をやってたんだけどね。馴染みのお客さんが来れば、「いつものですか?」ってニコッと微笑んで、キリマンジャロなんか出して、スポーツ新聞をさっと持っていく。メニュー作りでも、プリンは皿に盛るとき失敗してロスを出しやすいから、大きなモーニングカップに入れて作って「カップリン」なんて名前を付けてそのまま出して、評判を呼んでいた。正直、自分では完璧な商売だと思っていた。

でも、その洋食屋でさ。接客ってのは、とにかくお客さんを楽しませなきゃいけないって、強烈に思ったんだ。だから、オレもその店に行った次の日からフライパンを振って踊った。「ナポリターン、ナポリターン」なんて口ずさみながらね。

店の子たちにも、この話は繰り返ししている。それでも、お客さんが店に入って来たとき、鍋を見ながら「いらっしゃいませ」って言ってる子がいるんだよね。それじゃ、いつまでたっても流行る店ができるようにはならない。オレは、そう思うんだ。

店長に実務ノウハウはいらない

オレは、うちの店に入りたいと言ってくれた子をこちらから断ったことは一回もない。それは、自分で選んだ「好きな店」に入れれば、実力ある人材に育つと信じてるからなんだ。

うちで働きたいって子を面接したその日に、うちの店三〜四軒に飲みに連れて回ったこともある。

そうやって店をじっくり相手に見せた上でね、「今度、彼女と一緒にうちの店に来てごらん。それで、彼女がこの店なら働いてもいいんじゃない?と言ったら、うちにおいで」という話をした。この店で、こんなスタッフと一緒なら楽しい仕事ができそうだって、本人が心から思うことが大切だからね。

オレのところは、「うちの店は独立への一ステップ」とはっきりうたっているからさ、独立する意識の高い子が多く集まる。それで、入って約五年でみんな独立する。

うちでは店長になったら、もうその上のポストはない。独立するしかないんだ。独立をぐずぐず引き延ばさないためにも、店長就任から二年後ぐらいに照準を合わせて独り立ちする準備をするべきだと思っている。

独立を目前に控えた店長に何より大切なのは、自分が作りたい店のビジョンがあることだ。だから、オレは店長を決めるとき、経営ノウハウがしっかりしているとか、調理技術が高いとか、そういうことは重視しない。単純に、店長をやりたい！と、手を挙げた子から選んでいるんだ。

だってさ、うちの子たちがやるのは居酒屋。だったら、特別な料理なんてできる必要ないじゃない。**それより、付け合わせの大根おろしを「粗くおろした方がいいですか？　細かい方がいいですか？」**なんて、お客さんとやり取り**できる店をイメージできる子の方が強いと思う。**

中には、実務を全然分かっていないのに手を挙げてくる子もいる。例えば、足りない食器をある程度のボリュームで発注するときは、使用する前日や二日前に手配しても間に合わない。ある旗艦店を任せた店長は、そんなことも分かっていなかったぐらいだ。

でも実務は、店をやりながら学んでいけばいい。それより、店長になりたい、と手を挙げるからには、そこに何らかのビジョンがあるんだとオレは思っている。そんな子は、カラカラに乾いたスポンジと同じで、知識をどんどん吸収していくから、店長を始めてたった三日で、もう違ってくるよね。

店長になるとさ、気付くことがあるんだよ。例えば、自分は今まで話術を生かした接客ができるタイプだと思っていてもね。実際、店長の立場でお客さんに接してみると、どんなお客さんも盛り上げるしゃべりができるタイプじゃないことに、気が付いたりする。女の子とばかり元気に話していればいいわけじゃないからね。

すると、自分はどんなふうにお客さんにアピールすればいいのか、と真剣に考えるようになるでしょ。そうして、独立するまでに成長できればいいと思うんだ。

ちなみに、自分の店を出す前に雇われ店長を経験しなければ成功しないものなのかっていうとね、やっぱり、店長を経験したヤツとしてないヤツは全然違うんだよね。特に新店の店長を経験できると、すごく役立つ。チャンスがあったら、やるべきだよね。

既に軌道に乗っている店の店長の場合は、店が混んだときの流れをどうするかとか、スタッフのローテーションをどうするかといったことに頭を悩ませる。「お客さんが入らない」という新規の店の悩みとは全然違うから、身に付くノウハウも違うんだ。

うちで今、稼ぎ頭の一つになってる店もさ。一〇〇席以上もある店なのにオープンしたときには、三カ月間売り上げが日商で一〇万円に届かなかった。新しい店は、だいたい三カ月でお客さんの引きがきて、六カ月で軌道に乗り始め、一年で安定してくる。この期間を切り抜けると、実力がぐんと付く。どんなふうにお客さんが入り始めるのかが、感覚的に分かるようになるよね。これは、自分の店を持つときすごく大切な能力なんだ。

店をやるのに絶対に必要な「イメージ力」

うちの店では、いずれは独立しようと考えている子が店長になるんだけどね。実務は未熟でもかまわないけど、「独立したら、こんな店を持つんだ」という明確なイメージを思い描ける力を持っていなければ店長にはできない。**店長や経営者に絶対欠かせないのは、「イメージする力」なんだ。**

店のイメージといっても、単にメニューとか店の造りとか客層とかのイメージだけでは十分じゃない。

例えば、お客さんとワイワイ話をして盛り上がり、営業後に一緒にお酒を飲みに行ってカラオケをする自分の姿を思い浮かべることができる。そこまで細かく、店を持ったときの自分を具体的にイメージできるようでなければダメだ。ほとんどの子は、そんなふうにイメージする力が弱いんだ。

例えば、飲食店をやっていて店がオープンする前に雨が降ったら、「雨が降っちゃって、お客さん減らないといいなぁ」なんて考える人が多いんじゃないかな。

でもそこで、「今日も満席になるぞ。さあ、お客さんにどんなサービスをしよう」って考えられる人は絶対に強いよね。なぜかって？　そんな人は、土砂降りだったら、一〇〇円ショップで可愛いタオルを仕入れてきて、お客さんに体を拭いてもらえるようにしよう、なんてサービスを思い付くからだ。

お客さんの入りだけを心配する人と、新しいサービスを思い付く人。どちらの店が繁盛するかは言うまでもないよね。前向きで、イメージする力が強い人は、お客さんが雨に濡れて店に入ってくる姿、それから、タオルを手渡した後、お客さんが「ありがとう」と言ってくれて、自分もニッコリする姿まで想像できる。すると、それを実現させるし、実現したことが励みにもなるから、どんどんお客さんが喜ぶことを考えられるんだよ。

それが、店長や経営者になれる子なんだ。

オレはお袋をすごく尊敬していてさ。常にいろんなことに興味があって、八〇歳を超えて旧約聖書を読み始め、三ページ分ぐらい暗記しちゃうようなパワーがある人だったんだけどね。そのお袋が、昔、言ったんだ。**「思うと思わないのでは二〇〇%違うのよ」ってね。ダイヤモンドでも、欲しいと思うのと思わないのでは全然違う。思わなければ、絶対に自分の手には入らない。**梅干しなんかは想像しただけで口の中が酸っぱくなるでしょ?

「思う」「想像する」というのは、それだけですごいエネルギーになる。とても大事なことをお袋に教えてもらったと思う。

独立後をしっかりイメージできる店長は、後輩やアルバイトの子たちが「イメージする力」を持てるように助けてもくれる。

例えば、「オレも最初はお客さんと、うまく話ができなかったんだよ」とか言いながら、自分が苦労した過程をほかの子たちに上手に話すことができる。

だから、みんなが、それを自分たちの具体的な目標としてイメージできるようになるんだよね。

「店長になったら、女の子にモテる」なんてことだって、店長がそれをイメージして実現すれば、周りも「オレも店長になってモテてやるぞ」って思えるわけでしょ。そういういろんなイメージが原動力となって人を育てていくんだと思う。

うちの店で五年働いたって、二〇〇〇万円とか三〇〇〇万円になるわけじゃない。それが、独立して店を持って何年か頑張ったら、サラリーマンの二、三倍の収入を得られるようになって、いい車を持って、いい家に住んで、週一回ゴルフに行けたりする。それをイメージし、実現したいと思うことって、とても大切なんだ。

オレは、東京の経堂で居酒屋を始めて、最初の三年は店を広げるためにひたすら一生懸命働いて、車を買えるようになったときはベンツを買った。だって、何年も懸命に働いて、安い車にしか乗れなかったら寂しいじゃない。店で働く若い子たちも、そんな商売やろうと思わないでしょ。

二〇年ぐらい前には、東京の世田谷から八ヶ岳に移り住んだ。敷地は六〇〇坪。子供をのびのびとした環境で育てたかったとか、この土地を選んだ理由はいろいろあるけれど、「こんな暮らしもできるんだぞ」と、店の子たちに見せたかったということも大きい。今の自宅はカナダのバンクーバーにあって、これもみんなの「イメージ」の一つになればいいと思っているんだ。

焼酎一杯五〇〇円なんかで売っている親父が、そんな生活ができる。「人生こういう選択肢があるんだぞ。オレにもできたんだから、独立すればお前もこういうふうになれるよ」って、具体的にみんなに見せることって大切だよね。**だから店長には、自分自身がイメージする力と、下で頑張っている子たちにイメージさせる力の両方が大切なんじゃないかなと思うんだ。**

もちろん、イメージするだけじゃなくて、みんなの手本なんだから、店長になっても掃除、買い出しから接客まですべて、自分から積極的にこなすようにしないとダメだ。特にトイレ掃除。これを店長がやったら、絶対にほかの従業員やバイトの子は言うことを聞いてくれる。怒ったり、言いたいことがあるときは、その前にトイレを掃除する。そうすれば、みんなが自分に付いて来てくれるようになる。こういう地道な経験が、自分の店を持ったときに生きてくるんだよね。

弱点があってこそ、力は伸びる

うちの店で立派に店長をやってた子でも、独立して自分一人になると、「こんなこともできてなかったんだ」と思う場面が目に付くことがあるんだよね。

この間、独立した子の店に行ってみたときのことなんだけどね。その店には、メニューに豚足の煮込みがあってさ。あるお客さんがオーダーしたんだけど食べにくかったらしく、「ハサミ貸してもらえる？」って言ったの。すると、その子はただ、「はい、どうぞ」ってハサミを渡したんだよ。それってお客さんに親切だと思う？ オレは、そんな接客はあり得ないって思った。

こんなときには、「食べにくかったですか？ こっちで切りますね」と言って、切ってあげなきゃダメ。ハサミを貸しただけなら、「あの豚足は食べにくかったなぁ」で終わってしまうけど、切って出してあげれば、「ここは親切な店だな」

ってお客さんにアピールするチャンスになるでしょ。

そもそも、そのお客さんは一人で来ていたのに、豚足は大きな塊が二つも載っているようなボリュームのある商品だったの。一人で食べ切るには多いんじゃないかなって量だ。だったら、注文を受けたときに、メニューになくても半分にしてあげて、ほかのメニューを勧めてあげた方がずっと親切だよね。

店を流行らせるには、お客さんがどうしたらより楽しく店で過ごせるかを常に考えて、どんな小さなチャンスも逃さず相手にアピールしていく。そんな貪欲さが必要なんだ。

ちなみに、その子の名誉のために言っておくと、その後一生懸命努力して、オレがまた行ったときには店は大変身をとげていた。常連のお客さんも、たくさん付くようになっていたよね。

よく安い定食屋で、テーブルに置いてある醤油やソースの瓶が汚い場合があるでしょ。ひどいときには、中の調味料が切れかけていることもある。そんな商売の仕方はダメだよね。

いくら値段が安くたって、お客さんからお金をもらって商売してるんだ。調味料の瓶がきれいで、中身は常に満タンというのが、お客さんに気持ちよく過ごしてもらうためには常識のはずだよね。

自分の店は安いメニューを出しているから、サービスに手を抜いてもいいというのは、自分勝手な発想。商売として、おかしいでしょ。

大事なのは毎日、頭をフル回転して想像力を働かせながら仕事をすること。それができるかどうかが、長く商売を続けるうちに大きな違いになるはずだよ。

なぜ、独立する前の店では店長としてうまく切り盛りできても、独立して一人になると勝手が違ってしまうかっていうとね、独立前には、店にいろいろなスタッフがいて、いつの間にか自分の足りないところを、補ってもらえることが多いからなんだよ。

独立すると、自らを振り返って自分の弱点を知るのはなかなか難しい。失敗を糧にする余裕もない。でも、周りから助けてもらっているときは意識さえすれば、自分にはこんな力が足りなかったんだってことを、自覚できる機会も多い。だから独立するまでに、早く自分の弱点を自覚して、商売に必要な力を付けないといけないんだ。

でも別に弱点があること自体は、商売のハンディにはならない。

オレの場合はさ、幼い頃は人より体が小さいことが弱点だった。だから、この体でいかに目立つかを、いつも一生懸命考えていたんだよね。

運動会に出るとなっても、当日までにスピードや体力を急に付けるのは無理。でも、持久力ならどうにかなるんじゃないか。マラソンなら最後の競技だし、頑張ればきっとみんながわーっと沸く。じゃあ、運動会までに持久力はどうやったら付けられるのか、なんて考えたもんだ。

大学に入ってからは、空手をやったの。体が小さくても、これなら強くなれるかなと思ったからさ。でも、体育会の練習を見たら、オレにはとてもムリ。

それで、自分で同好会を作ったんだ。ちゃんとした練習場所が取れないから、今日はどこで、どんな練習をしようとか、いつも考えを巡らせていたよね。

これが、最初から背が高くて運動ができるような子だったら、運動会では何をしても目立って当たり前だから、「どうやったら注目を集められるか」という想像をして努力したりはしなかっただろう。空手だって、体育会にあっさり入って何も考えずに練習したに違いないよね。

自分の弱点を見つめ、そのハンディを乗り越えるためにいつも、ああでもないこうでもないと考えること。それが、今の商売にも結び付いている。オレはそう思うんだ。

どんな時代にも本当に強い店とは

いつの時代にも強いのはさ。本当の意味でお客さんに得をさせている店だよね。

この間、瀬戸内海に面した地方都市に行ったんだけどね。ご多分にもれず、中心地でもシャッター街が続いている。

その街のある寿司屋に、知り合いに勧められて行ったんだ。店に入ると、ピカピカに磨かれた清潔な白木のカウンターが目に飛び込んできて、筆で書いた手書きメニューがポンっと置いてあった。

席に座ると、店主が「地魚を少しずつ出しましょうか」って言ってくれて、お刺身を出してくれた。カワハギのような高級魚が一〇〇〇円もしないで出て、握り寿司は一貫一五〇円とか二〇〇円。安いよね。お酒も種類によって銀のチロリで出してくれたり、ガラスの徳利で出してくれたりと気が利いているんだ。

すごいと思ったのは、ほかのお客さんが口々に「ありがとう」とご主人に言ってから帰っていったことだ。当然ながら、店はお客さんに原価より高くものを売って稼いでいる。それでいてお客さんに感謝されるようなら、その店は本物だ。

店に来たら、お客さんはやっぱり「得をしたい」と思うわけでしょ。だから、これだけいい素材を安い値段で出して頑張ってるなと思わせたり、店内がきれいですごく気持ちよかったり、いろいろな配慮がある店は、どんな時代でもお客さんを引き付ける力がある。

シャッター街だって流行る店はあるんだから、どんなに寂れた街でも、店は輝けるってことだ。もしも、もっと条件のいい立地なのに店が流行らないっていうなら、やっぱり努力が足りないんじゃないかって思うよね。

行列ができることで有名な都内の人気寿司屋では、ほかの寿司屋から新しい職人が入って来るたびに、「今までの原価の考え方は捨ててくれ」と教えるそうだ。原価が頭にあると、お客さんにいかに得してもらうか、楽しんでもらうかというところから、考えがそれていってしまうからね。

原価率が高くなってしまうと、お客さんが回転し始めるまで店は大変だろう。でも、努力して続けているうちに、お客さんの数が増えて原価率の高さを補ってくれるようになる。更に店側も、どの商品で利益を出して、どの商品でお客さんに得をしてもらうか、原価バランスのポイントが見えてくる。

儲けだけにこだわらないこと。それが客商売の基本だ。

ただ、オレは安さばかり打ち出す店には疑問を感じるんだよね。それがお客さんに本質的に得をさせているかといったら、どうかな、と思うからだ。

そういう路線で店をやって、頑張っているところもあると思うよ。でも、安売りを前面に出した店の大方のメニューは、材料の質を落として原価率を低くしている。お客さんが本当に得をしているかといえば、そうじゃない。だから、長い目で見れば、その商品にいつまでもお客さんが付いて来るわけじゃないと思うんだよね。

お客さんだって、安いものばかりに目がいくわけじゃない。例えば、ちょっと前に、マクドナルドの高級ハンバーガーが話題になったでしょ。普段は一〇〇円メニューが人気の店で、五〇〇円近いハンバーガーが人気になって売れた。あんまり懐の具合が良くないような時代だって、お客さんは、リーズナブルだと思える範囲でリッチな気分を味わえるものも求めているわけだ。

通常はそんなにお金を払わず食べるもの、と思われている商品を高くしても、やり方次第ではうまくいくってことだよね。オレは、根っこのところでそこに「楽しさ」があるからお客さんが付いて来るんだと思っている。だってさ。「オレ、今日五〇〇円のかつ丼食った」と言っても誰も興味を持たないけど、「今日、五〇〇〇円のバーガー食ったぞ」って言ったら周りは「へぇ」って思うし、絶対友達に自慢したくなると思うんだ。

「楽しむ」ことは、店をやっている側にも絶対必要なことだよね。不況のときにはさ、息子が店を継いでくれないと嘆く飲食店経営者の話をよく聞く。それはさ、店をやってきた親父が本当に商売を楽しんでなかったからだとオレは思うわけ。たとえ商売が儲かっていなくても、「商売がおもしろい！」って様子を子供に見せていれば、「継がない」なんて言わないはずだ。

うちに魚を卸してくれている魚屋さんは、ほかの魚屋さんから二代目や三代目を預かって育ててくれと言われているような信頼のあるところなんだけどね。そこの夫婦は三六五日と言っていいぐらい、外食しかしないの。しかも、ほぼ顧客の店しか回らないんだ。それで、店に行って、自分のところから仕入れた魚について「こうすると、うまいよ」なんてことを伝えている。そこまでして真剣に魚を売っている魚屋さんは、なかなかないんじゃないかな。

そうして、何十年かけて月商を一五〇万円から数千万円にまで成長させた。しかも、自分でもいい魚を安く食べさせる居酒屋を展開して、お客さんを喜ばせ、成功している。そんな姿を見ていたら、息子が継がないと言うわけないよね。

後継ぎが店をやりたいと思うには、この仕事がほかの仕事よりずっと魅力的じゃなきゃいけないわけでしょ。要はそのぐらい商売を楽しんでないと二代、三代と続く店なんてできないってことだと思うんだ。

「ホンモノ」の店を見て歩け

店を始めるとき、勉強のためにほかの飲食店を見て回ることはとても大切だ。独立したら当分、見に行くヒマはないからね。だからその前に、自分の足を使ってどれだけほかの店を見て回っているかが、自分の店の成功にも結び付いてくる。自分がお客になったことがなきゃ、店をやるのは無理。お客さんにとってどんなことがうれしいのか、楽しいのかが、見えてこないからね。

見に行かなきゃいけないのは、「ホンモノ」の店だ。

オレは関西方面に行くと、必ず回るいくつかの店があるんだ。

一つは、大阪・京橋の屋台なんだけどね。墓地の裏にあって、場所がいいわけじゃない。だけど、こんな時代に一日七〇万～八〇万円売ってるの。屋台なのに海鮮物が売りで、ウニやイクラの箱が山積みになってたり、マグロのホホ肉を工業用バーナーでガーっと焼いたりするの。ウニやイクラ、ネギトロなんかは、キュウリ巻きの上に、これでもかってぐらいどっさり載せて出してね。

営業は週三、四日のみで、あとの日は車から何から隅から隅まで掃除する。店の周りの雑草を抜く。生の魚を扱ってるから、そこまで徹底的にやるんだよね。

ここの店主はね、もっと立派な場所での出店の誘いがきても、オレはここでやるって離れないの。もともと屋台をやるお金しかないからって、こんな店を始めた親父でね。地に足のついた店作りをしている。元気のないお客さんに声をかけてあげるとか、接客でも学ぶものがたくさんあるんだ。

もう一つ大阪でよく行く店は、天満の寿司屋。安い店なんだけど、ネタをあらかじめ切って用意しておくんじゃなくて、お客さんの目の前で魚をさばくの。お昼に魚が店に搬入されると、カウンター席の前で店の人がどんどんおろしていくわけ。それだけで、ネタの新鮮さがアピールできるんだよね。

京都・三条にある居酒屋にも必ず行く。内装はいいわけじゃないんだけど、料亭で出すような海鮮ネタを安く出すんだ。ここのおばちゃんが良くてね。エビの頭をむいて、「食べなさい」なんて言って手をさっと出してくる。接客が温かいんだ。

こういう店は、例えば大手の飲食店がスタイルだけをマネてもダメ。だから、「ホンモノ」を見に行ってこそ、学ぶものがある。

もっとも、**視察で大事なのは、自分が入ろうと思った店なら、どんな店でも何かしら学ぶところがあることを肝に銘じておくことだよね。**お客さんがよく入っている店を見に行ったとき、「大したことないですね」って言うヤツがいる。でも、これじゃあ、視察に行く意味は全くない。

店が流行っているからには、必ず何かしら理由があるはずだ。それを見つけられるようじゃなきゃ、繁盛店の経営者にはなれないよ。

だいたい、視察するとなればウワサなどから、何か得るところがあるんじゃないかって「におい」を感じて行くわけでしょ。しかも、何千円かの飲み代と自分の時間を投資するんだから、何も学ばず帰ってくる手はないよね。

料理でも、内装や接客でも、店に行って持っていたイメージと違ったときは、自分ならこの店をどうするかって考えなきゃ。

例えば、料理はいいのにお客さんの入りが意外に少ない。店内を見回すと、壁が汚くて雰囲気を壊している。もったいないな、オレだったら、しっくいで塗って、見違えるような店にできるのにな、なんて考える。うちの店の子たちにとって、そんなとき役立つのが、自分の周りで独立して店を構えた先輩たちから得る情報だ。

うちの場合、店の子が独立して飲食店を構えるときには、お金がないから壁なんかを自分で塗るわけ。工務店に頼むとバカ高いしっくいでも、自分で塗ればたった三万円で店をピッカピカにできる。トタンみたいなちょっとおもしろい建材を、自分で安く内装に取り入れる方法も学ぶ。そんな情報を、先輩たちはたくさん持っているんだ。

特に密度の濃い情報を得るためには、先輩たちが店の工事をしているときに、直接店に行く。そこで、壁塗りひとつでも手伝えば、自分の店を持つときの参考になるからね。自分で壁紙を貼ると空気が入ってきれいに張れないけど、紙を小さくちぎって貼れば断然早く仕上がるし、自然にいい感じの模様になる。そんな細かいノウハウが身に付いて、コストカットの方法も分かってくるんだ。出来上がってしまった店舗からは、そんな細かいところまで見えてこない。こういう経験は本当に宝物なんだよね。

普段からこうした情報をインプットしていれば、視察に行ったとき、自分のアイデアを組み上げるのに役立つ。だから、店を持とうと思ってる子たちには、できるだけ先輩の店を見てこいと言うし、話を聞けと言っているんだ。

先輩からの情報や、飲食店の視察で見聞きしたこと、そこで自分なりに考えたことは全部、自分の店を開くための「アイデアファイル」として頭の中に蓄積される。このファイルは自分の財産になるんだから、時間があるときはなるべく街を歩いて、飲食店に限らず、いろいろなことに目を向けることだよね。

アイデアは、すぐ実行しなきゃ意味がない

都内を歩いてたときのことだけどさ。民家の庭先に、ボコボコになったヤカンを植木鉢代わりにして植物を植えたものが置いてあるのが目に入ったんだ。ものすごくうれしくなったね。こんなの店に置いたら、すごいインパクトあるなって思ったからさ。うちのような店では、高級料理店にある何十万円の花瓶より、ヤカンの方が何十倍も魅力的なんだ。

重要なのは、これだ！と思うアイデアに行き当たったら、すぐ実行すること。頭の中のファイルにしまい込んだだけで満足したら、宝の持ちぐされになってしまう。オレは、考え付いたことは次の日にでもすぐ試してみる。

昔、家族で入った地方のウナギ屋で、極太の青竹を使った日本酒の徳利が出てきたことがあるんだ。これはいい！と感動して、次の日には東京中の竹屋を

回って、自分がイメージした太さや長さの竹を手に入れられるところを探した。一週間後には、店で「竹酒」と言って出してたね。

もちろん、いいと思っても実際やってみると失敗なんてことはいくらでもある。オレだって、成功と失敗の数を数えたら、失敗の方が多いんじゃないかな。でも、たくさんのアイデアを試せば、その中に大当たりだって出てくる。**だから、独立する前に勤めている店は、格好の実験場になる。何しろ、調理師学校と違って、ライブでお客さんが自分のアイデアに対する評価をしてくれるからね。**

例えば、お客さんを出迎える言葉ひとつにしても「いらっしゃいませ」がいいのか「いらっしゃい！」と元気に言う方が相手の反応がいいのか、日々試してみることができる。メニューだって、材料費タダで試作ができる。その中の花丸印のノウハウを、独立したときにやればいいんだ。

オレは、アイデアをためるために、知り合いからの情報や口コミに加えて、週刊誌やマンガ雑誌のグルメ情報を参考にどんどん視察に行く。雑誌の情報は、これだと思ったらページを破いて取っておく。ハズレもあるけど、当たったときはいつまでも語れるぐらいのインパクトがある。

選ぶ店の共通点は、皆、自分の身の丈に合った店だということだ。例えば、オレは、京都に行っても懐石料理店には行かない。ガラッパチのおばちゃんがやっていて、店の造りだって良くないのに、すごい混んでいる、なんて店に行く。三〇〇円で天ぷらが山盛り出てきて、お酒も安い。伊勢エビやスッポンもあって数千円で出すような店。すごいエネルギーがあって感動する。そこで、なんで感動したかを整理し直して、自分の店ならどうするかを頭にファイルしておくと、明日の商売につながるんだよね。

地方でもいい店があると聞いたら、格安パッケージを使って、店の子など有志を募って、興味が新鮮なうちに行く。一泊二日の旅行でも、昼夜と回ったら、かなりの数の店に行けるでしょ。店の子たちを連れて行くのは、彼らが独立する際の糧にして欲しいのと同時に、彼らがうちの店の原動力でもあるからだ。店の規模が大きくなってきて自分の下で働く人たちが増えてきたら、その人たちにアイデアファイルを持ってもらうことも、経営者として大切なことだと思うんだよね。

うちはみんなで視察に行くと大抵、最後はグループ店のどこかに流れて飲んでるんだけどね。それはそれで、すごく店の子たちの勉強になる。例えば、その店に接客がいい子がいたら、「どんなふうに育てたの?」なんて、そこの店長に聞くことができるでしょ。メニューにしても、うちの場合、各店で出し方が違うから、ほかの店ではどんなふうにやっていて、お客さんの反応はどうか、なんてことを見ることができる。ほんのちょっとしたことだけど、こうした小さな努力の積み重ねがすごく大切なんだよね。

ちなみに、視察というとやたらに店内で写真を撮る人がいる。だけど、あれはどうかな、と思うんだ。写真を撮ると、いつでも見返せるからって何もしないで放っておくことが多いでしょ。参考になるポイントぐらい覚えられなきゃダメだよね。

お金のいらないアイデアの集め方

同じ商圏にある同じ業態など、ライバル店は必ず視察に行くっていう人がいるんだけど、**オレはライバル店だからって視察に行ったりしない。周囲の店と比べても仕方がないからね。**純粋におもしろいなと感じた店、興味がある店に足を運ぶ。流行っている、という評判はもちろん目安にするよ。流行っているというのは、オレがすごく認める尺度の一つだ。

おいしいと評判の店にも出かけていく。だけど、おいしい店に足を運ぶからといって、自分の店でおいしさを売りにした商売をしようと考えるわけじゃない。**東京の池袋とか新宿とか、大繁華街に店を出したいと言う子によく話すんだ。「そんなところで、一番おいしい店をやろうと思っても無理でしょ」って。「だけど、一番楽しい店をやるのはできるんじゃないの？」ってね。街で一番楽し**

い店だったら、お客さんは絶対来るでしょ。それが、オレたちが目指したい店だ。

じゃあ、どうやったら楽しい店ができるのか。それには、店で提供する「楽しさ」のネタを仕入れられそうなところを回ってみなくちゃ。そうすれば、すぐに活用できる自分の武器をどんどん増やしていくことができる。

例えば、オレが行って得したなと思うのはこんな店だ。

大阪に貝の専門店があってさ。専門店といっても、焼き鳥用の炭火で貝を焼くだけなんだけどね。寒い日には、貝酒と言って姫貝のヒモをちょっと焦がしたのを熱燗《あつかん》に入れてくれるようなところなの。

ここでアサリを頼むと、箸の代わりに「あるもの」が一緒に出てくる。何だと思う？　なんと、洗濯バサミなんだよ。これで、貝の身を挟んで食べるという趣向。最初に見たときはすごいインパクトだったね。いいアイデアに出合えて得したな、と思った。

だって、オレがこんなに「おっ」と思ったんだから、自分の店でマネすれば絶対、お客さんにも喜んでもらえるわけじゃない。その上、お金も大してかからない。お店を回るなら、そんなネタを仕入れられると、自分の実力に直結していくと思うんだ。

人のマネをするのに引け目を感じることはない。テレビからでもなんでも、盗めるものは盗む。オレたちみたいな小さな店でも大きな店と勝負していかなきゃいけないんだから、手段は選んじゃダメだ。

その代わり、自分なりにお客さんを楽しませる工夫をちょっとしてみる。

例えば、豚足を使ったシュウマイが流行ったときがあったんだけどさ。ほかの店でやっているのを見て、オレは自分だったらどうするかって考えてみた。普通にシュウマイを作って出すんじゃおもしろくないからさ。レンゲの上に肉を置いて、シュウマイの皮をかぶせて蒸す（これならアルバイトくんでも作れる簡単さだ）。それで、レンゲを一皿に二個載せて出したら、お客さんは喜ん

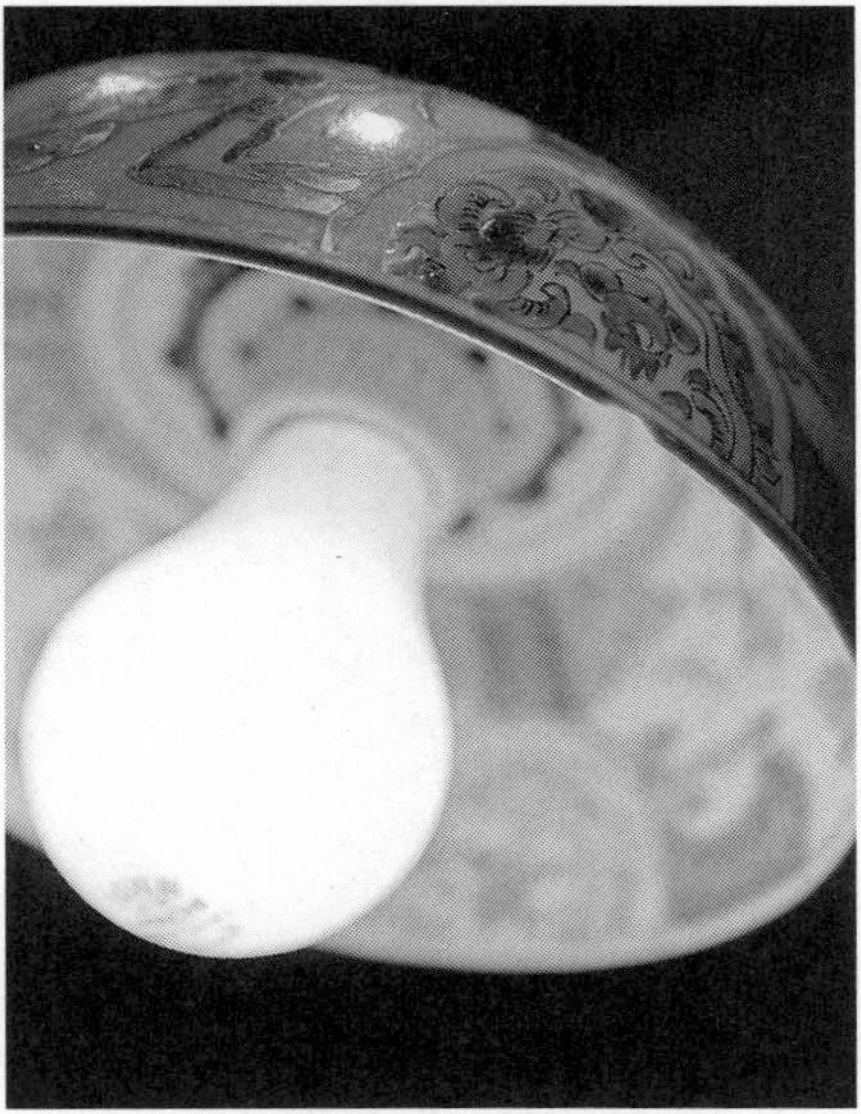

これは古伊万里の器を加工したライトなんだけどね。わざと縁が欠けているものを選んで作った。安いし新品にはない味がある。その上、欠けた器なら「これ、いいでしょ」なんてお客さんと会話するきっかけが作れるんだよね。

でくれるんじゃないか、なんて考えた。こんなふうにすれば、ただのシュウマイよりずっと魅力的な商品になるでしょ？

パクリは下品どころか、小さな店の大きな「武器」だ。大手では、そのときどきの流行りや旬、ほかの店で見たいアイデアなんかに即、反応していけないからね。でも、オレたちのやっている小さな居酒屋なら、思い付いたその日に試してみることだってできる。

例えば、うちの店の近くで発砲事件があったときのこと。テレビでじゃんじゃん報道してたから、早速その日の目玉メニューを「八宝菜」にした。お客さんがそれを見て、ニヤッて笑ってくれればいいと思ってね。

何年か前に中国製の餃子が問題になったときも、これは逆手に取ってやろうと思った。実はそのとき、うちでも水餃子に中国製を使っていてさ。そこで「残念ながらうちの水餃子、中国製だったんでやめます」なんて、わざわざメニューに書いてやめた。だってさ、連日報道している注目の話題だよ。やめようと決めたなら、その方が絶対、お客さんにおもしろい店だと思ってもらえるよね。
ちなみに、大手をはじめとして、お客さんのニーズを探ろうとしてアンケート用紙を置いている店も多いけどさ。それがあっても、お客さんの心をとらえるどころか、飲食店として最低限のことができていないことに気が付いていない店も目に付く。朝からカラカラに乾いて水気のないサラダを出すファミリーレストランや、メニューの写真はきれいなのに、八割が脂身のひどい肉を出す有名焼き肉チェーン――。もちろん、頑張っているところだって、いっぱいあると思うんだけどね。

一つ言えるのは、アンケート用紙じゃ、実際のお客さんの顔が見えないということ。商売ってのは、A子ちゃんとかB子ちゃんとか、具体的なお客さんの顔が思い浮かんで、ああ、あの子にこれを食べさせてあげたい、喜ばせてあげたいと思える方が絶対強いと思うわけ。それが、小さな店をやるオレたちのすごい強みだと思うんだ。

自分以外はみんな「お客さん」だ！

店をオープンしてからなかなか売り上げが伸びないと、気持ちが焦るときもあるだろう。だけど、そんなとき考えてみて欲しいのはさ。そもそもなんでこの商売を始めたかってことなんだよね。

どんな人でも自分で店を持ったのは、この商売が好きだからだと思うんだ。ほかの仕事をするよりこの商売が好きだから、飲食業を始めたんだと思うわけ。だったら苦しいときも、商売を楽しんでやれなきゃ、ウソだと思う。

オレはね、飲食業みたいに楽な商売はないって思ってる。だって、お酒なんかはさ、酒屋さんが店まで運んでくれるわけでしょ。それで、こちらは栓を抜いてグラスに注ぐだけなのに、仕入れ価格より何百円も高いお金をお客さんから頂ける。お酒の原料となる麦だの米だのを作っている人の手間ひまとその稼ぎを考えたら、本当に申し訳ないぐらいだ。

そんな「高い」お酒を出して、お客さんに喜んでもらえる。それで楽しい商売だ、と思わなかったらおかしいよね。

だから苦しいときはさ、自分がどれだけこの仕事を好きかってことを、もう一度、思い出してみることだね。一生懸命、お客さんを楽しませることを考えれば、絶対に店を流行らせる方法は見つかるはずだ。

景気がよくないときは、お客さんが外食を控えがちになる。そうすると、どうやったら店に来てくれるかって、好況のとき以上にあれこれ考える。どんどん試してみて、当たったらすごくうれしいはずでしょ。全部正解じゃなくたっていい。試したら試した分だけ、自分の力になっていくからね。

オレはさ、自分以外は、家族だろうとみんな「お客さん」だと思うんだ。例えば店に自分の奥さんが友達を連れて来てくれないんだったら、どうやったらこの「お客さん」を喜ばせることができるかって、想像してみる。それだけで

も、店には大きなプラスになるよね。

冬場にさ。「寒いね〜」なんて言いながらお客さんが入って来たら、「おいしい湯豆腐あるよ！」なんて声をかけてあげるのもいい。「うちは豆腐にはこだわってて、有名な豆腐屋から仕入れてるんだ」なんて言えれば、お客さんも頼みたくなるでしょ。

以前、ある地方スーパーの話をテレビでやってたんだけどね。揚げたてのコロッケをぱっと割って、「どうぞ」ってお客さんに試食させてたの。果物売り場でもね、お客さんが、「こっちのブドウとそっちのブドウ、どう違うの？」って聞いたら、「こっちが○○産で、そっちが△△産」なんてしち面倒くさいことは言わずに、さっとパックからそれぞれの実をもいで、「食べてみて！」って店員が差し出したんだ。親切だよね。お客さんのことを考えている。

スーパーがここまでやってるんだから、定価より高く売る飲食店は、もっと頑張らないとダメだよね。

唐揚げ一つでもさ、揚げたてを「食べてみて！」ってお客さんに出したら、喜んでもらえるでしょ。またこの店に来たいと思ってもらえると思うんだ。

この間入った寿司屋でもね、オレはコハダが好きなんだけど、ちょっと値段が高かったんだよ。それで、かあちゃんとさ、コハダ食べたいけど高いなぁ、なんて話をカウンターでしてたんだ。

そんなお客さんの話が聞こえてきたらさ。オレだったら、ほかのオーダーを出すときに、ひょいっとコハダを一枚付けて出したりすると思うんだ。そうしたら、お客さんはすごく喜んでくれるわけじゃない。「またこの店に来よう」「今度は誰を一緒に連れて来ようかな」なんて、友達の顔まで思い浮かべてくれるわけじゃない。

商売をするって、そういうことだと思うんだよね。

暑くなってきたらさ、「とりあえずビール！」ってお客さんが来て、ぐーっと一杯を飲み干したりするでしょ。そうしたら、「飲みっぷりいいね〜」って、もう一杯出す。単純なことだけど、よくある、七時までビール半額なんてビラを配るより、絶対、お客さんの心をつかめる。オレはそう思うんだ。

大手とは違う個人店の「勝ち方」

売り上げが厳しくなるとさ。みんなどうしようかいろいろ考えるんだよね。例えば、深夜までやっているような居酒屋でも、ランチ営業を考えたりする。

うちの店でも以前、売り上げが落ちてきた店で考えたことがあったんだけどね。でもランチをやると、やっぱりスタッフが疲弊してくるんだよ。早出の子もズルズル遅くまでいるようになり、だんだん疲れがたまってくる。

それに、ランチメニューは薄利多売で、コスト管理も大変でしょ。居酒屋なら、ランチよりも夜中の営業時間を延ばした方がずっと効率がいい。夜中に店を開けているところは少ないから競争相手が少なくて、スタッフも気持ちを集中できるからね。

オレは、売り上げを伸ばそうと思うなら、もっと別の部分で工夫の余地があるんじゃないかなと思う。

不良在庫の衣料を買い取り、服と小物を上手にコーディネートしてみせて、格安で売ることで業績を伸ばした会社のことを聞いたことがあるんだけどさ。その発想を居酒屋に置き換えて考えてみるのもおもしろいと思うんだ。

例えばメニューブックを見返すと、単にフードとドリンクに分けただけの店が多いでしょ。でも、ドリンクメニューの中にお酒に合うつまみを紛れ込ませることもできるはずだ。単純な「コーディネート」だけど、案外実践していないよね。こんなふうに、一生懸命考えて工夫をすれば、必ず売り上げを増やす手段はあるものだ。

みんなよく、なかなかアイデアが出ないなんて言うけどさ。考えてみてよ。大きな企業だったら、すごく研究を重ねて、手を替え品を替え、店を出すわけでしょ。でも、個人が店を持つなら、考えるべきなのは、自分がやる一つの業態だけ。だったら、その一店のために大手の一〇倍、考え抜けばいいわけじゃない。それができたら大手にだって絶対負けないと思うんだよね。

なにも、すごく新しいことを考えろっていうわけじゃない。オレが大手のことを考えるとき、いつも思うのはさ。**大手チェーンが得意とする「会社を大きくするための商売」と、個人店の「自分が食べていくための商売」は違うってことだ。つまり、個人店には個人店の勝ち方がある。**

オレがときどき行くラーメン店は、二〇年来、ずっと同じラーメンを出し続けているんだけどね。それでも、お客さんが付いて繁盛している。もちろん、世の中には、次から次へとメニューを変え、いくつも店を展開しているラーメン店もある。どちらの商売が正しいとは決められないけど、長く続けられるのはどっちだろうってオレは考えちゃうんだよね。

企業として店をやっていくと、「新しいことをやらなくちゃ」と追い立てられる。個人店なら、無理して新しいことをやらなくても、店を続けられるはず。それよりも、ちょっとした工夫、そして他店にはない自分の店が「一番」である何かを増やす努力、それが大切だと思う。一番の中身は、ドリンクを出すのがどこよりも早いとか、大したことでなくていい。ささいな一番の積み重ねが、お客さんをつかんで、繁盛へと導いてくれると思うんだ。

2

立地選びの極意

人通りのない場所にこそ店を作れ

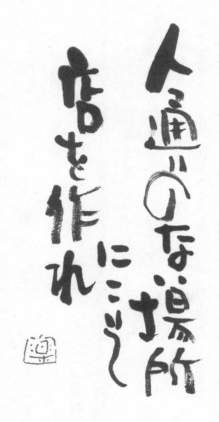

人通りのない場所で店が流行るわけ

店をオープンするときには、皆、立地で頭を悩ませるもんだけど、これだけははっきりと言える。飲食店は、人通りが多い場所に出すことが繁盛の条件じゃない。だいたい、独立するときの軍資金の目安は五〇〇万〜六〇〇万円。それを元手に店を始めるには、商売しやすそうな場所は高すぎる。でも、店に「力」があれば、人がいないところでもお客さんを呼べるもんなんだ。

例えば、小さなビルの三階に店があったとするでしょ。それでも、来たお客さんすべてを「見つけて良かった」と満足させられたら、必ず繁盛する。かえって「こんなところに良い店があるよ」と、口コミにもつながるはずだ。

オレ自身、最初にやったのは、すごく立地の悪い小さな店だった。東京郊外の住宅地、経堂の五坪の物件で、駅には近いけど人通りはさっぱりの場所。でも、保証金が三〇万円と格安だったんで、その場所に店を出すことにしたんだ。

そんな場所で、ほかと同じことをやってもお客さんは来ないよね。だから、終電近くに帰ってくる人にターゲットを絞った居酒屋にしたんだ。深夜チャージ料として一人三〇〇円取る。内訳は、サービスで出す味噌汁とフルーツがそれぞれ一〇〇円。あとの一〇〇円はオレがしゃべる代金、っていう具合さ。女の子にはフルーツにアイスクリームも付けたりね。これが当たって、夜中からガンガン人が入り、一日六万円ぐらい売り上げる店になった。

初めて渋谷に店を出したときも、候補に挙がったのは、人通りの少ない駅の裏手で、隣が風俗店という物件でさ。渋谷にしては家賃が格安だったんで借りることにしたら、契約書にハンコを押すとき、大家さんさえ「本当にいいんですか？」と疑うような場所だった。それでも二カ月ぐらいでそこそこ流行るようになった。なんてったって、一度来たお客さんには絶対もう一度来てもらおうと、目いっぱい楽しませたからね。一日最低一人の顔と名前を覚えて仲良くなったし、看板料理はサービスで出した。

そのとき「おいしいですか？」なんて聞き方はしないよ。「おいしいでしょう！」。一言、こう言うだけで、お客さんとの距離はグッと縮まるよね。**どんな場所でも店に魅力があれば、お客さんは来る。お客さんを呼べないのは、立地の問題より店の力不足なんだよね。**

自分がちょうどいいと思う駅からの距離より、ちょっと歩くな、と思ったところに店を出したこともある。ビルに挟まれた古い一軒家でね。駅から遠いなと思ったけど、その様子を見たとたんに、「これはいい！」と心を決めた。

周りにはほとんど店はないから、お客さんはこの店を目指して来るしかない。でも、どんな不便なところでも、A子ちゃんが行って、「ああ、ここにB子ちゃんやC男くんを連れてきたい！」と思う店は、絶対流行るとオレは思うわけ。

そして、年月が刻まれたその物件には、お客さんを虜《とりこ》にする力があると思った。

もともと長く続いたそば屋さんが入っていた建物で、大通りに面して広い入

まるで人通りのない場所にあるうちのある店では、名刺一枚を板に留めただけのものを「看板」にした。そんなところに大きな看板なんか出したってしょうがない。いかに「色気」を出すかって方が大事だからね。

り口があったんだけどね。それじゃ色気がないから、入り口だった場所は前庭にして、店の脇の狭い通路にあった勝手口を入り口にした。看板も小さなものを付けただけ。お客さんが、「こんな場所にこんな店があるのよ」と伝えたくなるような店にすることが、大切なんだ。

大家さんの都合でやむなく閉店した店は、あるターミナル駅から数分の幹線道路沿いにあったんだけど、これまた周りに飲食店どころか店らしきものが全くないところだったんだ。

普通だったらここに煌々《こうこう》と目立つような店の看板を出したりするんだろうが、それではつまらない。だから、オレは入り口に店の名前を小さく入れただけの大きな鉄の扉を付けた。

ぐっと力を込めて押さないと開かないぐらいの重い扉だ。でも、わざわざここに来てくれたお客さんなら、どんな重い扉でも絶対に開けてくれる。逆に、「入りづらい」という仕掛けを作ることで、お客さんは「こんな変わった店があるんだよ」と人に伝えたくなるはずだ。

つまり、一瞬にして、お客さんを店の「ファン」にする魔法をかけることができるわけ。駅前のピカピカのビルに入った店では絶対かけられない魔法だよね。

駅から遠いということは、駅前の店とは違い、お客さんは街の中を歩きながら「どんな店だろう」と想像しながら来ることになる。お客さんの中に、自然に「この店に行く」という物語ができる。気分が高まっているから、魔法もかけやすい。そんな場所で、色気があって、いい接客をする店を作れば、お客さんは間違いなくファンになってくれると思うんだ。

不動産屋から、いい物件を紹介してもらう方法

そんなに良い立地でなくても、条件の良い物件は、競争率が高くて契約できないこともある。じゃあ、「これだ！」という物件に巡り合ったとき、どうするか。不動産屋に名刺を渡して、「よろしくお願いします！」と言うだけじゃダメ。問い合わせが何件も来る物件となれば、もっと自分をアピールしなきゃね。

特別なことじゃなくていい。**自分が働いてた店の写真とか、自分が作りたい店のプランとか、出身はどこで、自分はどんな人間で、そこで何をしたいのかが伝わるものを相手に見せる。ファイルの一つでも置いてくれれば、ただの名刺とは伝わるものが違うでしょ。最終的に店子《たなこ》を決める大家さんに、この人に入って欲しいと思ってもらえる可能性だって高くなる。**

オレが経堂の店を紹介してもらった不動産屋に初めて行ったときなんだけどね。ガラッと引き戸を開けたら、靴を脱いで上がるような不動産屋でさ。入り口に何足もの靴が、バラバラに脱ぎ捨ててあったんだ。そこで上がるときに、自分の靴だけじゃなくてほかの靴もひょいっと揃えた。大した手間ではないし、体が自然に動いたんだ。結果的に先に話した、保証金が格安の店を紹介してもらった。

靴を揃えたことが、直接その物件に結び付いたわけじゃないだろう。でも、もし不動産屋の親父が、オレが靴を揃えるのを見てたら「おっ」と思うだろうね。このことで相手が〇・一パーセントでも自分に好意を持つんじゃないかと思えれば、何もしないのとは大きな違いが生まれる。だって、次に相手と向き合うとき、確実に、より自信を持って接することができるからね。

物件選びだって店での仕事と同じで、人と人との関係が大事なんだと考えれば、何をすべきかが見えてくる。**オレはよく、マニュアル的に「いらっしゃい**

ませ」と言っても、お客さんは引き付けられないよって店の子に言うんだけど、不動産屋でただ「よろしくお願いします！」「頑張ります！」と言っても同じようにダメなんだ。

ところで、悪立地なりに頑張って店を軌道に乗せてひと安心と思っても、周辺の環境が変わることもある。例えば、大手チェーンの進出だ。

大手が近くに出店すると、小さな店をやっている人はみんなよく「お客さんを取られて大変だ！」と血相を変えるけど、オレはそう思わない。大手の方が家賃も人件費も絶対にコストがかかっているんだから、自分の店が負けるとは考えられない。

だってさ、地元の小さな店で「この手で漬けてるのよ」とおばあちゃんがしわくちゃな手でおしんこを出してきたら、思わず食べたくなるでしょ？これは、大手チェーンではマネできない。大手とは違うスタイルで店をやれば、お客さんが来なくなるなんてことはない。

逆に、チェーンが進出するということは、その土地にお客さん予備軍がいると「お墨付き」をもらったようなもの。あとはお客さんを、自分たちの魅力の虜にしていけばいいんだよ。

「人なし金なし」が最強の武器になるわけ

独立して店を開く際、どのくらいの規模の店でスタートするといいかは、どんな店をやりたいかで違ってくるもんだ。それに、例えば自分やヨメさんの親が資金援助を申し出てくれたら、最初からある程度の規模の店が出せる場合もあるだろう。でも、人のお金で三〇坪のピカピカの店を作っても、援助してくれた人に一生頭が上がらない。自分の実力も付かない。それよりも、自分で月一〇〇万円、数年で五〇〇万～六〇〇万円貯めて五～六坪の店から始めた方がいいよね。

必死になってゼロから始めれば、闘争力が付く。それで、自分にお客さんが付いてくれて、しばらくして三〇坪の店を出せるようになったら、そこには店が成長する中でのドラマがある。中身の濃い店ができるんだ。この経験ができなかったら一生悔いを残すと思う。

店を出す場所にしてもさ、同じことが言えるよね。最初からいいロケーションに出店できたとしよう。それが悪いとは言わないけれど、いい場所でやっていると、「飢え」がなくなる。黙っててもある程度お客さんが入ってきて、そこそこ稼げる店を続けていると危機感がわかない。本当にお客さんを集める実力を持った店主にはなれない。駅から遠くて人通りもない場所でも、流行る店を作れるような力が育たないんだ。

独立して開くのが小さな店だとしても、例えば路面店であればオープン前は工事中なんだから、道行く人が「ここは何になるんだろう?」って興味を持つ状況にあるわけでしょ?

開店して花なんかが飾ってあれば、それだけで「あれ?」と思ってもらえる。その人たちを、どうやってお客さんとして引き付けるかを考えられるようじゃなきゃいけない。**開店して初めの三日間でお客さんとの関係をどう作るか。そ**

のイメージが自分の中にできていなかったら、たとえ一カ月遅れても、それが固まってから開店した方がいい。店が成功するか否かに直結するからだ。

うちの店から独立した子の話だけどね。小さな居酒屋を出したんだけど、夏にオープンしたのにクーラーが利かない。店主もお客さんも汗だくなのに、暑いからサービスって言って出てくるメニューが、アツアツのおでんなんだよ。

そんな彼だけど、すごいのはね、オープンして間もない頃、もうお客さんの名前を聞き出しててさ。「ジュンさん、唐揚げです」なんて、お客さんを名前で呼んで接客してるんだ。それだけじゃない。お客さんたちが帰り際、「山ちゃん、ごちそうさま」って言って店を後にする。いつの間にか自分の名前を相手に伝えてたんだよね。オレが行ったときにいた近所のおばちゃんは、「私には向かないけど息子に勧めておくわ、山ちゃん」と言って帰っていった。すごい営業の才能だと思ったね。

こうしたお客さんと名前で呼び合うような関係は、オープンしてすぐの方が、話しかけるきっかけがあって作りやすい。最初にお客さんをどう引き付けるかイメージできることが大切だと言ったのも、そのためだ。

お客さんとの関係を作るのは会話だけじゃない。「小道具」を使って、相手との間を縮めることもできる。

ちょっと昔のことだけど、看板がないからTシャツに店名を書いて棒の先に付けて出しているような、六坪程度の店があったんだ。そこでは、料理が運ばれてくるまでに一冊のアルバムを渡されてね。開くと、トイレの壁を塗ったり、椅子を作ったり、自分たちでいろいろ内装に手を入れている様子を撮った写真が並んでいるんだよね。そんな写真を見たら、トイレに行ったとき絶対、お客さんの反応が違ってくるでしょ。店との距離が一気に縮まるよね。こんなふうにお客さんとの関係を作る方法もあるんだと思ったね。

地元のお客さんの心を、しっかりつかむ方法

出店場所を選ぶとき、多少無理をしてでも、大きな街に出した方がいいのかと相談を受けることもあるけど、**小さな街だからって、チャンスが小さいわけじゃない。そこでしっかりお客さんをつかむことができれば、大きな街で成功する力も付けられるんだ。**

小さな街なら、そこそこおいしいぐらいの店でも、感じのいい親父がいて、サービスが良ければ流行る。だって、ちょっと居酒屋に行きたいときに、いくらおいしいと言ったって、わざわざ電車に乗って出かけて行くのは大変でしょ。家から近くてツッカケで行けて、楽しい時間を過ごせる。それで、料理が普通においしい店があったら、お客さんもそれに越したことはないわけじゃない。

これが渋谷や池袋だったら、お客さんを店に引き付けるには、もっとパワー

がいるよね。なにしろ、星の数ほど競合店があるんだ。だから、最初は無理をせず小さな街でしっかり売る力を付けてから大きな街に出ても、遅くはないと思う。

オレが住んでる街にはさ、ちょっと食べに行こうと思える店がないんだよ。店はちらほらあるんだけど、みんなすごくもったいない接客をしている。例えば、店に入ると、判で押したように「いらっしゃいませ」とか「こちらにどうぞ」なんて案内をするわけ。隣には、乗降客が多い駅を抱える大きな街があるんだけど、そこの「お客さんの顔を見ない接客」と全然変わらないんだよね。

小さな街だったらさ。お客さんは地元の人の可能性が高いわけじゃない。だったら、大きな街で店をやってるより、絶対お客さんの心に入り込みやすいはずなんだ。世間話だって、地元の人とならごく自然にできるでしょ。駅前に新しいビルができますねとか、なんでもいいんだから。地元ならではの話題がいくらでもある。これはすごい強みだよね。

だから、お客さんが来たら、まず、食らい付かなきゃダメ。とにかく、名前を覚える。近所に住んでいるかどうか、それとなく確認する。これは、基本中の基本だと思うよ。

なにも難しいことじゃない。追加オーダーを受けたときなどに、さりげなく「ご近所ですか?」なんて聞けばいい。「そうだよ」って返してくれたら、「じゃ、お近づきのしるしにちょっとサービスしちゃいます!」なんて、冷やしトマトとかキュウリのおしんこなんか出してあげれば、喜ばれるわけじゃない。リピートしてくれる可能性は、グンと高くなる。

ご近所だと分かったら、「ちょっと一杯飲みたいときには、寄ってくださいね!」って声もかけやすい。その上、「メニューにないものでも作りますよ」なんて言ってあげれば、お客さんだってうれしいはずだ。

大したことをする必要はない。例えば、乾麺を何種類か常備するだけでもいい。お客さんが「ちょっと、軽く食べたいなぁ。何かある?」なんて言ったら、

「麺類なら、そば、そうめん、うどんができるけど、どう?」と出してあげられる。

オレがよく行ったある渋谷の店の話なんだけどね。

豪快なおばちゃんがやってる屋台でさ。なんとメニューは焼き肉で、BGMにはラテン音楽がかかってるの。すごくいい雰囲気なんで、「テキーラなんかあるといいね〜」って、ちょっと言ってみたんだ。そうしたら、おばちゃんがニヤッて笑って、オレの席からは見えない棚にひょいと手を伸ばして、テキーラの瓶を出してくれたの。

オレは、屋台なんだしテキーラなんてあるわけない、って思ってたんだよね。それでそんなふうに出てきたから、本当に感動した。お客さんの心をつかむのに、難しい理屈はいらない。こんなシンプルだけど温かい接客が、店のファンを広げることにつながっていくと思うんだ。

ちなみに、店でお客さんが入って来るのを待っているだけじゃなく、地元のお客さんを積極的に呼び込もうと思ったらさ。よく駅前で配っている割引チラシなんかより、ずっと効果的な方法がいくらでもあると思うんだよね。オレは、チラシでは絶対リピーターは付かないと思ってるの。

例えばさ、うちから独立した子の店でのことなんだけどね。そこは、道路に面した間口の一角に、ドンッとおでん鍋を置いているんだ。あるときその店で飲んでたら、駅から店のお馴染みさんが歩いて来たの。それで店主の子がさ、お客さんに「今日は寄らないの?」と聞いたら、「今日は家に帰る」って言うわけ。その子は「また来てね!」って言って終わっちゃったんだけどね。

でもさ。時間も早いし駅から歩いて来たんだったら、そのお客さんはまだ夕飯を食べてないと思うわけ。オレだったら絶対、おでんの二つや三つ、「持ってって」って渡すと思った。原価なんて二〇〇円ぐらいなもんじゃない。だけど、そんなことしてあげたらその人は、絶対次に飲むときその店に来ると思うんだ。

店をやるなら、こういうチャンスは逃しちゃダメだ。常にお客さんを店にどう引き付けようかと、「飢えて」なきゃ、流行る店にはできないよ。

物件選びは焦っちゃいけない

オレたちみたいな小さな店をやろうという人は資金に限りがあるはずだから、大抵、居抜きに的を絞って物件を探していると思う。そんなとき注意した方がいいのが、立地や見た目がどんなに良くても、出店に当たって制約が多い物件だ。

オレもすごく条件の良い居抜き物件を紹介してもらったことがあるんだけどね。その物件はもともとイタリア料理店で、二～三カ月前に二〇〇〇万円以上かけて内装工事をしたばかり。内装は三〇〇万円で譲ってくれると言う。ワインを看板にした店を出したいと思っていた時期だったから、この物件ならぴったりだと思った。

ところが大家さんが厳しくてね。周囲からクレームが来ないよう、煙が出る料理はダメ、ニンニクのにおいがする料理もダメ、自転車を店の前に置いてはダメといろいろな制約があったんだ。自転車で来るお客さんが多いエリアなのに、これでは話にならないと思って諦めた。

制約が多い物件の代表格は、マンション内に出店するというケースだよね。これはやめた方がいい。

店舗の上が住居だと、どうしても苦情が出やすく営業がしにくくなる。例えば、人の声は上の階に響くから、夜遅くまで営業できない。にぎやかに騒ぐような店じゃなくても、店から出たお客さんの話し声が上の階に響いてしまうからね。

もちろん煙が上がるような料理も提供できない。ぱっと建物を見上げて、ベランダに赤ちゃんの服が干してあったら、特に避けた方がいい。

居抜きに限らず、店舗が二フロアに分かれている物件も避けた方がいいだろう。最初は人手がなくてオペレーションが難しいということもあるけど、店主が一階にいるとしたら、二階に通したお客さんには店主の顔が見えないよね。

店主の顔が見えない店はどうしてもインパクトに欠けて、また来たいと思ってもらえるような店にはならない。ただ机と椅子だけが置いてある部屋に通されても、お客さんは楽しくないでしょ？

ちなみに、景気が良いときにはビルの上階の店もおもしろいと思うんだけど、景気が良くないときには、やっぱり人が入りやすい一階の店が絶対に有利になる。店の前に客席を作れるような物件ならなおさらいい。それだけで売り上げが大きく違ってくるからね。

オレは独立に向けて店を出た子には、「物件は慌てて決めるな」「焦って店を出そうとするな」と言っている。店を出せるようになるまでは、うちでアルバイトをして食いつなぎ、これぞと思う場所を探せばいい。

実際にこれまで独立した子たちも、だいたい一年ぐらいは時間をかけて、じっくり物件を吟味しているよ。

時間をかけると、店のコンセプトもじっくり練り込んでいける。うちの子たちは店にいる間もよくほかの店を見に行って研究しているけど、どうしても時間に制約がある。だから、辞めてから真剣に他店の研究を始めると、見えてくるものが違うと思うんだよね。大事な店の物件選びなんだから、時間と手間を惜しんじゃいけない。

ほかにも、独立する子には、最初に出す店は「手段の店」であって「目的の店」はダメだよと言っているんだ。

「目的の店」というのは、自分がこういう店をやりたいという最終目標となるような店のこと。例えば、静かで落ち着いた雰囲気でうまいものを食わせたい、というような店だ。でも、最初は生きていくために、頭をひねってとにかく売り上げを上げる努力を積みながら、多くのお客さんを呼べる店をやらなきゃいけないからね。

だから、自分の理想とは違っても、一軒目はお客さんを呼び込める「手段の店」を考えなくちゃいけない。そうして、最初の五年は次のステップに進むための店を成功させる。まず、その店を土台として力を付け、それから「目的の店」を目指すべきだと思うんだ。

地方だからできること

うちから独立した子たちは、北から南まで全国にいるんだけどね。そんな地方で頑張ってる子たちの店には、元気がいいところが目立つんだ。

地方は、なんといっても家賃が安いのが利点だよね。だから、二店目、三店目と出店する際にも有利だ。この間も、盛岡に三店目の店を出した子がいるんだけどね。駅前の一等地なのに、坪当たりの家賃は月一万円だって言うんだ。東京ではあり得ない値段だよね。

繁華街の中の一軒家を借りて店を出している子もいる。家賃は月二〇万円ほど。地方では、手を入れなければ使えないような駅前の一軒家なんて普通の人は借りないから、安いんだよね。東京なら主要駅の渋谷から一、二駅離れた三軒茶屋あたりでも店を出そうと思ったら、同じ家賃で六、七坪の店しか借りられない。

地方って言ったって、盛岡のような中核都市ならメニューの値付けは東京とそう変わるわけじゃない。そして、地方都市の駅前繁華街に出すのと、東京で独立したばかりの子が出店できるような駅から離れた場所に出すのとでは、通りかかるお客さんの数は全然違う。

東京で店を出している子も、頑張って二店目、三店目と店を増やしているケースはいっぱいあるけど、地方に出て行くと、店を増やすスピードは東京の比じゃない。年に一店、三年で三店出した子もいる。若者の職場がないから、店の働き手だって見つけやすい。

東京で働いた経験があるとね。地方で店を持ったとき、それがそのまま武器になるんだ。地方に六本木、青山あたりの繁盛店の「におい」を持って行けば、必ずアピールできる。店の雰囲気とかメニューとかね。

盛岡の子なんかは、年四回は東京に出てきて、「旬」を仕入れていく。それは、流行りをメニューに生かすってことだけじゃない。例えば、店のお客さんが東京に行くときがあるわけじゃない。そうしたら、こんな店に行ったらいいよって、教えてあげられるでしょ。

自分が働いていた店や、馴染みの店の名前を出して、「ここに行って、うちから聞いて来たって、〇〇さんに声かけてみて」なんて教えてあげたら、お客さんもうれしいじゃない。東京での体験に、ちょっとした味付けをしてあげられる。そんなことをしてあげれば、自分の店にも必ずまた来てくれる。

地方に出店する場合、やっぱり一番よくあるのは、土地勘のある自分の故郷に出すケースだと思うんだよね。でも、全く縁もゆかりもない場所に店を出して成功している子もいる。仙台とか福岡とか沖縄とかね。中には、純粋にその場所が好きだからっていう理由で、移り住んで店を開いている子もいる。

疲弊して、飲食店が発展する余地がない街はあるから、それには注意しなきゃいけない。でも、例えば自分の趣味が楽しめる場所に出すというのは、いい選択だよね。

サーフィンが好きなら海の近く、スキーが好きなら山の近くの街を選ぶとかね。もちろん、冬の間、何カ月も雪で悩まされるようなところはダメだから、一二カ月、ちゃんとお客さんが足を運べるようなロケーションを選んでさ。独立した子の中にはゴルフが好きで、毎日ゴルフができるような場所で店を繁盛させている子もいるよ。

趣味を楽しむってことは、ただ楽しいだけじゃない。お店にもプラスになる。だって、自然に、お客さんとその話ができるわけじゃない。店に趣味の写真を飾ってもいいだろうし、難しいことを考えなくても接客ができる。

店を出す場所を決めたらさ。今度は、その街にある店でしばらくアルバイトをすることだよね。三カ月とか半年とか働いてみて、その土地の酒屋さんとか八百屋さんと知り合う。店作りの土台を作るんだ。

港町なんかだったらさ、漁業組合で三カ月働かせてもらうとかでもいいよね。

仲良くなれば店を始めたときに、いい魚を回してもらえるようになるでしょ。

東京で自分の生活に余裕が出るまでには何年もかかるけど、うちから独立して地方に行って、一年でベンツを買い、水上バイクを買い、なんて子もいる。家だって、広い一軒家を借りて家族と豊かな生活ができる。東京みたいな家賃の高い土地では、住む家も大きなところは借りられない。

オレは、商売は人生を楽しむためにやってるんだと思うわけ。だったら、独立して店を出そうというとき、東京で出店するのと地方を選ぶのと、人生どっちが幸せ？と思っちゃうんだよね。

そもそも、どんな場所にいても、自分が生きていくのに楽しい場を作れる。そんな人が、いい店を作って商売を成功させるんだと思う。楽しい、という磁場を作れる人は、「勝てる」人だ。逆に、それができなければ、どんな場所でも商売するのは難しい。オレは、そう思うんだ。

「ご近所で買い物」が成功への第一歩

流行る店作りの基本の一つに「ご近所付き合い」がある。小さな飲食店は特に、近所の人たちといい関係を作ることが成功につながるんだ。

例えばさ。店を新しく開くときには、魚や野菜をどこから仕入れようかとか、食器をどこで調達しようとか、考えるよね。こんなとき、オレはなるべく自分の店の近所で買おうと決めている。その土地で店を開くからには、地元にお世話になるんだと自覚すること、そして、自分も地元の商売に貢献していくという気持ちを持つことが大切だと思うからだ。それは必ず自分自身の商売にも跳ね返ってくる。

だから、オレは「買い物は地元で」を基本にする。それも、同じところに何度も行って顔を覚えてもらおうと思う。まず、その店の人にお客さんになって

もらいたいからね。

顔を覚えてもらうのは簡単だよ。ちょっとしたコツさえ知っておけばね。

例えば、皿が二〇枚必要だったら、一気に必要な枚数を買わずに四回に分けて五枚ずつ買う。そうしたら、何度も店に行くことになって、店の人は絶対、声をかけてくれるようになる。こうなれば、しめたもの。「今度近くに居酒屋をオープンするんで来てください」って、自然に話ができる。地域の人たちの口コミにもつながるよね。

最初に二〇枚買って、「新規開店するんで来てください」と言っても同じじゃないかと思うかもしれない。だけど、それは違う。それじゃ、顔は覚えてもらえないし、その店の人との関係作りはできない。地元に根付いた飲食店にはなれないんだ。

うちから独立して、一〇年ほど前、東京の町田で店を始めた子がいるんだけどね。駅からちょっと離れたところにあって、地元のお客さんをつかまなきゃ成り立たない店なんだ。彼はいつもハデな着物を着て烏帽子をかぶって歩いていてね。その格好で、毎日地元の八百屋なんかに行って「今日何あります？」ってやるの。絶対顔は忘れないし、見ているだけで楽しくなる。そんなふうに人を幸せにできるってすごいことだよね。今では彼は数店舗のオーナーになっているよ。

金融機関との付き合いだって、食器や食材の店と同じだ。利用している地元の信用金庫などに、夜間金庫を使わず、毎日同じ時間に窓口に売り上げを預金しに行ってみるといい。印象に残るよう、いつも真っ赤なTシャツとズボンで行くとか服装を決めてね。そうしたら、「そろそろ赤が入ってくる」なんて、支店の人たちに覚えてもらえるでしょ。顔見知りになれば、従業員がお客さんになってくれるだろうし、自分が事業を広げたいときに融資してもらいやすくなる。こんな日常のささいな行動が、成功へのきっかけになるんだ。

ちょっとした隣近所への気配りも、自分の店にお客さんを呼び込むチャンスを増やしてくれる。

例えば、朝、店の外の掃除をするとき、二メートルぐらいのホースで自分の店の前だけ水まきするのは普通だよね。でも、オレなら、六メートルの長いホースを買ってきて、両隣まできれいに水まきをする。そうすれば、隣の人が「この店どうですか？」と人に聞かれたときに、「行ったことないけど、店の人はいい人よ」なんて言ってくれるわけじゃない。普段の行動が、店の宣伝に結び付く。水まきが必ずお客さんを呼び込むわけじゃないけど、掃除なんて大した手間じゃない。こうしたことの積み重ねが、店を繁盛させていくと思うんだ。

逆に、店の周りでは絶対にやらないこともある。例えば、サングラスはプライベートでは掛けるけど、店に関係する場所では絶対に掛けない。タバコも吸わない。ある有名な寿司屋の板前さんが、休憩時間にタバコを吸っているのを見たことがあるんだけどね。その手で握った寿司なんて食べたくないと思った。お客さんが不快に思うことを、お客さんが見ているかもしれない場所では絶対にやっちゃいけないよね。

地元以外の取引先との付き合いについても、考え方は一緒だ。隣近所と同じようにいい人間関係を築くことが大切だと、オレは思っている。

取引先に対して、自分はお客だという態度を取る経営者もいる。だけど、オレは取引先と店は対等の関係にあると思っているんだ。腰を低くして「いつもありがとう」という気持ちで付き合っていれば、いつまでも大切にしてもらえて、いい店作りにもつながる。

例えば独立後、店が軌道に乗ってきて、現状よりいい条件を提示してきたビール会社があると「もう乗り換えてもいいですかね」と相談してくる子もいる。でも、オレは最初に付き合った会社は変えないことにしている。立ち上げの大変な時期を一緒に歩んでくれたのに、経営が安定したから乗り換えるというのは、筋が違うと思うからだ。少しばかり安い商品を買うより、長い間築いてきた人間関係の方が、ずっと大事な財産だと思う。

オレが居酒屋を始めたときのことだけどさ。近所の小さな魚屋に行ったら「ご商売ですか?」って聞かれてね。そうですと言ったら、「これからも、よろしく。同業者の方も紹介してくださいね」って、アサリを一つかみサービスしてくれた。イワシも一尾からおろして売ってくれるって言うから、何匹か頼んで竜田揚げにしたら、これがメチャメチャ売れてね。

今ではその魚屋は、月に何千万円も売る店になっている。そうやって、苦労を共にした店と一緒に大きくなれるのは、うれしいことだ。オレは心からそう思うんだ。

料理ができなくても
メニューはできる

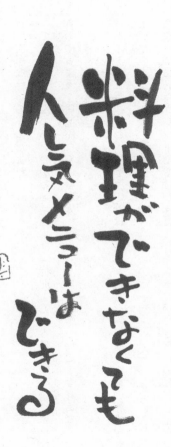

当たり前のメニューを特別にする方法

どんなメニューをお客さんに出すのか。店をやっていく上でメニュー作りは、特に大事な仕事の一つだよね。

でも、お客さんの心をつかむメニューは「特別」である必要はない。オレたちのやるような居酒屋なら「料理人」はいらないし、難しいことを考えなくたっていいんだ。

あるテレビ番組でね、居酒屋のおばちゃんが経営を立て直すための相談をしていて、「でも、私、豚キムチしか作れないの」と言ったんだ。そうしたら、スタジオにいたタレントたちは口々に「豚キムチしかできないのに居酒屋をやってるなんて！」と、非難ごうごう。それを見てオレは思った。「何言ってるんだ。おいしい豚キムチ一つ作れれば、立派に流行る店はできるぞ」ってね。

例えば、「うちは三週間寝かせた自家製キムチを使ってるのよ」とおばちゃんが言えば、食べてみたいと思うじゃない。単純なメニューも、お客さんへの見せ方次第で売れる商品になるんだ。

前にうちから独立して、神奈川県の茅ヶ崎に店を出そうと思っている子がいたんで、オレならどんな店を出すか考えたことがある。茅ヶ崎っていったら海辺でサーファーが多い場所だ。だったら、儲けるのは昼。借りるのはガレージでもいいから、とにかく海から上がってすぐのところ。メニューはガッツリ食べられるカレーだけにしたらいいと思った。それも一種類のみ。大中小の皿を揃えて、八〇〇円、六〇〇円、四〇〇円と皿のサイズで値段を決める。あとは、カレーの入った大鍋と炊飯ジャーをドンッと置いてセルフサービスにすればいい。福神漬けも缶で置く。そうすれば、アルバイトもいらないでしょ。

お客さんが、ここぞとばかり皿にカレーやご飯を盛ったら、「残したら罰金ですよ」なんてニッコリ声をかける。「食べられるよ！」ってお客さんが返したら、いいコミュニケーションが生まれる。あとは、海から上がった人のために、店頭に簡易シャワーを用意しておけばいい。メニューがたった一つだって、そんな店があったら行きたくなるでしょ?

視点を変えるだけで、当たり前のメニューが特別に見えてくることもある。今では珍しくなくなってきたけど、例えば夏に出すおでんや鍋物。ただ、メニューに「おでん」って書いたらつまらないけど、「不思議なんです。夏なのに人気のおでん」なんてメニューに書く。こんなふうにすると、遊び心があってお客さんは「あれ?」と思ってくれる。夏鍋をするときだって、最初から席にコンロを置いておく。そうすれば、お客さんは「これ何に使うんだろう?」って思うでしょ。興味を抱いてくれれば自然にオーダーにもつながるはず。簡単だけど、こういうことが「売れるメニュー」につながっていくんだ。

居酒屋の料理は、お客さんが「私でも作れる」と思うような料理がいいんだ。複雑で家庭ではできない料理を出す必要なんて全くない。

「なんでこのお店のおでんはおいしいの？」とお客さんに聞かれたら、「スープと一緒に一晩冷やしておくんで、おいしくなるんですよ」と、おいしくする秘けつまで簡単に説明できるような料理がベスト。説明ができれば、お客さんと会話ができて距離が縮まるでしょ。「おいしさのコツ」を年に一〇個でも二〇個でもいい、少しずつためていって一〇〇個もしゃべるネタができれば、商売人として大変な財産になるよね。

料理のコツなんて教えたら、お客さんがもう来なくなるんじゃないかなんて、心配することはない。お客さんがいい店だと思ってくれれば、絶対また来てくれるからね。

オレたちがやっているような居酒屋は技術で勝負するわけじゃない。だから、自分ができる範囲でお客さんに喜んでもらえることを考えればいいんだよね。

まだ居酒屋を始めたばかりの頃、刺身を出そうとハマチのサクを買ってきたことがあった。でも、技術がないから、きれいに切れない。そこで思い切って、

「刺身のぶった切り」と名付けて、切り口がグチャグチャでもかまわないように丼に盛って出した。これが喜ばれた。当時はまだ、そんなふうに刺身を出すところはなかったからね。腕がなくたって、アイデア次第で売れるメニューにできるんだ。

おいしいご飯を店の売りにしたいと思ったら、土鍋で炊くのは難しくても、小さな炊飯ジャーを使って炊きたてを出すのは誰でもできるでしょ。そうしたら、安い精米機を買ってきて、精米したての米を炊いて出せばいい。お客さんに「お米は生きてますから、うちはオーダーが入ってから精米して炊きます」なんて言ってね。

ホームランを狙うようなメニューじゃなくていい。例えば、刺身のツマを大根のせん切りじゃなく、枝豆にするだけでも、おもしろいでしょ。誰でも知っているメニューにちょっとひねりを加えるだけでも、ヒットは打てる。売れるメニューができるんだよね。

以前、こんなことがあった。

うちの店に昔からある看板メニューに、大根のおでんがあるんだけどね。これがすごく大きい。なんで大きくしたかというと、見た目のインパクトはもちろん、食べ終わる前に冷めるように考えたからなんだ。冷めたらお客さんに「温め直しましょう」ってアピールできるでしょ。もっと言えば、温め直すとき、食べやすいよう二つとか四つとか、お客さんの人数に合わせて切って持っていける。

ところがさ。あるとき、うちの店に料亭の経営者と板前さんたちが来てね。いろいろ話す中で大根おでんの開発意図を説明したんだ。そうしたら、「温かいうちに食べた方がいい料理を、食べないで冷ましてしまうのはお客さんの勝手だから、温め直しなどはしない。あなたの説明がよく分からない」と言うんだ。これを聞いて、一流の料亭でもできないことをオレたちはしていると分かった。これって、すごいチャンスだと改めて思ったね。

小さな店では、人手もお金もないから、いろいろな工夫が生まれる。例えば、一人でやってるラーメン屋で、自分で水を出す余裕がなかったら、お客さん自身でついでもらう。その代わり、一〇〇円ショップで買ってきたポットにジャスミン茶やウーロン茶を入れて、好きなものを選べるようにする。それで、「オレにも一杯くれる？　暑いんだよね！」なんて会話をお客さんとできたら最高だよね。お客さんを店側にぐっと引き込める。

ハンディがあるから、頭を悩ませて考える。だからこそ、店を成功に導く実力が付いてくるもんなんだよね。

人マネが人気メニューを作る

メニュー作りでは、そのときどきの流行りや季節感をうまく取り入れていく必要がある。でも、難しく考えることはないよ。流行りや旬に特別敏感にならなくたって、日常生活の中にネタはいくらでもある。

八百屋に行けば季節の食材が並んでいるんだから、素直に「これをどう提供したらお客さんが喜んでくれるかな」って考えればいいでしょ。春巻きにしたり、味噌汁にしたり、ごく身近な料理の変化球でいい。凝った料理じゃなくてもお客さんが喜ぶメニューはできるんだ。

道端で見かけるような季節の花を料理に添えるのもいい演出だよね。女の子に出す刺身だけに花をあしらって、「可愛いからサービス！」と言って出したら料理に色気が出るでしょ。

流行りものの情報だって、世の中にあふれている。一番カンタンなのはテレビのネタを利用することだね。

テレビのCMでは、いろんな食べ物を宣伝してるよね。新商品だけじゃなく、旬の食材を使った新しい食べ方なんかも提案している。ものすごいお金をかけて一日に何回もCMを流して、おいしそうに見せている。あれを見て、「食べたい！」って思う人、絶対いるよね。大手の食品会社がせっかく宣伝してくれてるんだから、「ありがとう」ってそのアイデアを使わせてもらえばいい。

CMだけじゃなくてグルメ番組でも、おいしそうでインパクトのあるメニューを紹介しているでしょ？　あんなのを見ると「ラッキー」と思う。特に三分間で調理ができるような簡単な料理がいい。平野レミさんなんか、好きだなぁ。「お腹に入れば同じよ！」なんて調子で、難しいことを考えず、短い時間でチャチャッとできる料理を紹介してくれるからね。

テレビのマネをするなんて恥ずかしいと思うかもしれない。でも、そんなこだわりを捨ててしまえば、乾いたスポンジみたいに、いくらでも外からの情報を吸収できるようになるんだ。

本や雑誌だって、いい情報源だよね。主婦向けの料理雑誌などは参考になる。こういう雑誌に出ているメニューというのは、あまり変化がないようでいて三年もすれば古くなる。逆に言えば、それだけトレンドをとらえてるってことだ。ただし、人が買った雑誌を見せてもらうのはダメ。ネタにする資料は苦労して探して、お金を出して買わなきゃ。

これを教えてくれたのは、初めて勤めた喫茶店の先輩だった。その店はイチゴのフレッシュジュースがよく出る店だったんだけどね。イチゴはちょっと傷が付いたらその部分を削って使うんで、これが結構な量になる。もったいないなと思って、それを集めてジャムを作ってみた。でも、これがすぐ傷んじゃうんだよね。そこで、ノウハウを知りたくて先輩が持っていた料理本を貸してもらおうと考えた。すると、「本は自分で買わないと身に付かない」。先輩はこう言って、貸してくれなかったんだ。今思えばいいことを教えてくれたと思うよ。

どんなところからでも、メニューのネタが拾えることは分かったと思う。とは言っても、そのままそっくりマネるだけじゃダメ。**重要なのは、どんな料理でも自分なりの工夫を加えなきゃ魅力的な商品にはならないってこと。レシピでもネーミングでも提供の仕方でも、ちょっとしたことでいいから、最終的に「自分の店だからこうする」と言える料理に仕上げなきゃ、売れる商品にはならないんだ。**

例えば、鉄板焼きが流行ったときのこと。うちの店でも、メニューに取り込もうと考えたんだけど、ただ鉄板で肉を焼いて出してもおもしろくない。そこで、河原で拾ってきた石を熱してその上に肉を載せようと考えた。こうすれば、見た目のインパクトが出て、食欲をそそるジュージューって音と、焼けた肉のいい香りと共に、お客さんに料理を提供できる。拾ってきたものだから材料費はタダだしね。

オレは「コレだ」と思った流行りネタは即、自分でも試してみるの。

昔、喫茶店をやっていたときのことだけどさ。当時有名なサンドイッチ屋があって、そこで初めてホットサンドを食べたんだ。温かいサンドイッチなんてその頃は珍しいから、すごくオシャレでね。早速自分でも作ってみた。挽《ひ》き肉とホウレンソウを具にした「ハックルベリー」、ベーコンとホウレンソウの「ポパイ」とか、ネーミングもワクワクしながら一生懸命考えてね。これがすごく売れた。

単に「流行りに乗り遅れちゃいけない」という考えでメニューに取り入れても、売れる料理にはならない。自己満足でもいい。自分が楽しまなきゃ、結局お客さんにも楽しんでもらえないんだよね。メニューを書くとき、口元が思わず「ニヤッ」としてしまう。そんな商品作りができればいいと思うんだ。

コストを下げてもお客さんの満足度が上がる方法

店をやっていると食材の値上がりでコスト管理が厳しくなることがあるでしょ。それで、仕入れ先を変えるなどの対策を考える人もいるよね。でもオレは、長い間築いてきた仕入れ先との関係を絶って、コスト削減をしようとは思わない。一緒に大きくなってきた「仲間」との信頼関係は、コスト削減よりも断然価値があるからね。

じゃあ、料理の値段を上げてお客さんに原価の上昇分を転嫁するかというと、それもしたくない。

そんなことしたら店が回らない、と思うかもしれないけど、オレたちは食材にこだわったメニューを出す料理店じゃないんだから、アイデア次第では、いくらでもコスト削減の道はあると思うんだ。

例えば、料理に使う材料を変えるのも一つの方法だよね。冷凍うどんやパスタを乾麺にするとかね。

冷凍パスタだったら一人前八〇円するけど、乾麺ならば、一人分が三〇円もしないで済む。その代わり、今やおいしいパスタの常識のようになっている「アルデンテで出す」という発想は、手間がかかるので捨てる。パスタをグラタンにしたり、昔風のナポリタンにすれば、むしろアルデンテではない方がおいしいでしょ。**以前の内容で素材だけ変えるのではなくて、コストを落として仕入れられる素材に合ったメニューを、改めて考えればいいと思うんだ。**

飲み物にしても、ビール業者と値下げ交渉をするより、お客さんが頼む二杯目の飲み物を、ビールより粗利が取れる焼酎の注文が増えるように努力する方が、自分たちにとってもいいんじゃないかと思う。「うちの田舎の焼酎でね。おいしいのがあるんですよ。飲んでみませんか？」なんて言ったら、飲みたくなるでしょ。単に「ビールもう一杯」っていうオーダーを受けるより、お客さんとのコミュニケーションも生まれるよね。

ただしメニューを変えたとき、お客さんの満足度が下がるようじゃあ、ダメだよね。だから、メニューを変更したら、お客さんがどう思っているかを、常に気にかけていなきゃいけない。

シンプルなことだけど、料理が残っていたら「どうしてだろう？」と考える。さらにお客さんに「お料理どうでしたか？」って聞いてみることだよね。別に料理が残ったってへこむことはない。お腹がいっぱいになっただけかもしれないし、そうじゃなくても、改善のチャンスなんだと、前向きに原因を探ることが大切なんだ。

この、お客さんのことを知りたいと思う気持ちは、飲食店経営者には欠かせない資質だ。

例えば母親なら、自分の作った料理を子供が食べなかったら、当然、「どうして？」と思うよね。お客さんのことを思う気持ちは、それと同じぐらい自然に出てこないといけない。だから、テーブルに残った料理を見て、「どうして？」と思わないなら、食べ物屋はやめた方がいい。

小さな店が大手に絶対勝てるのは、個々のお客さんに対する「心」だ。クーラーなんて涼しくて当たり前だけど、お母さんがあおいでくれる「うちわの風」には、涼しさだけではなく幸せを感じるじゃない。相手に対する心がある。それと同じことなんだよね。

不況に強い、分かりやすい定番メニュー

オレも長いこと店をやっているから、随分と景気が悪いときを経験している。こんなときは、お客さんは凝ったものとか、変わったメニューに目がいかないものだ。みんな何よりも「これから世の中がどうなるか話をしたい」と思って店に来ているからね。株価がどうなるのか、不況がいつまで続くのか、なんて話をしたいわけ。

飲食店に来たからって、五分も一〇分もメニューを見て、じっくり選ぶという気分じゃない。メニュー名を見ても内容が分からないようなものは、たとえこちらが説明しても、じっくり聞いてくれるかっていったらあやしい。

そんなとき、うちの店では唐揚げとかコロッケとか、誰もが子供の頃から親しんできた、いわゆる「定番」メニューをどうやって力強く押し出すかを考え

る。

誰もが知っていて大好きだというメニューは、お客さんが「とりあえず、これちょうだい」と選びやすい、不況時に強いメニューだと思うんだよ。

日本ってのはおもしろい国でさ。小さな町でも、中華の店があって、洋食屋があって、韓国料理の店まであったりするでしょ。そうした馴染み深い料理ジャンルの中で、それぞれ真っ先に思い浮かぶメニューを三つ挙げたら何になるか、考えてみると「強い定番メニュー」が見つかる。

例えば、中華料理だったら餃子、麻婆豆腐、五目焼きそば、とかね。そういうメニューの洗い出しを徹底的にやる。雑誌のグルメ特集も参考になるよね。不況に強いメニューというのは底力があるから、繰り返し特集になっているはずだからだ。

もう一つ、うちがやるのは過去の人気メニューの復活だ。

人気があっても何年も前に作ったメニューは、マンネリに感じるのか、店長の判断でラインアップから外している店もあるんだ。でも、五年、一〇年人気があったメニューというのは、それだけ力がある。だから、不況のときは、「過去の人気メニューは積極的に活用しよう」。そう、店の子たちと話をする。

それに加え、景気が悪いときは、売りたいと思った商品を何がなんでも売ってやるんだ、という意識を、店の子たち全員がいつも以上に強く持つようにする。

例えば、うちで秋にサンマに力を入れていたことがあったんだけど、ある店では一晩に八〇人お客さんが来て、一二本しか売れなかった日があった。力を入れている商品で、それじゃダメだよね。

どうしてそれだけしか出なかったの?と聞くと、店の子はただ「売れなかった」って言う。でも、そうじゃなくてそれは「売る能力がなかった」ということなんだ。

「売る」ということはさ。例えば、サンマを三〇本仕入れたら、それを意地

「小六ッケ」（小さい6つのコロッケの意味）は、オレが考えた「定番料理」の一つ。こんなふうに、シャレが利いたメニューを考えるのが、オレは好きなんだ。

でも売り切ってやる、という気持ちを持つことだ。お客さんからのオーダーを待ってるだけでは三〇本売れないなら、どうやったら売れるのかと考えるのが、オレたちの仕事だ。

メニューの書き方ひとつにしても、売ろうという意識があれば、全然違ってくるはずでしょ。日々のメニューを手書きにしている店は多いけれど、ただ、手で文字を書いているというだけの場合が多いんだよね。

そうじゃなくて、手書きにするのは、「売るためだ」という意識を常にはっきり持たなきゃいけない。わざわざ毎日手間ひまかけるのは、そのとき最もお客さんに響いて、商品を売るのを助けてくれる言葉をメニューに載せるためなんだからね。

例えば、前日の売り上げが良かったら、「昨日はサンマ、六〇本出ちゃいました！」なんて書いてもいいわけじゃない。まかないで店の料理を出したら、アルバイトの子が「おいしい」って言ったとする。そうしたら、「今日、まかないで食べてみたら最高でした！」なんて一言入れる。シンプルだけど、日々のこういう言葉こそがライブ感があって、お客さんの目を引くもんなんだ。

料理の出し方でも、売ろうと思うのと思わないのじゃ全然違う。

うちでは、サンマの塩焼きを出すとき、お客さんの前で表面をガスバーナーで炙《あぶ》り、焦げ目を付けるんだけど、下にした方は炙らない。そうして、「ひっくり返すとき、もう一度炙るので声をかけてくださいね」ってお客さんに言う。

こうすれば、「やっぱりおいしいでしょう！」なんて半分食べ進んだお客さんとコミュニケーションが取れるし、周りにもアピールできるよね。ただ注文の品を席に運んでたんじゃ、売る気がないのと一緒だ。

気を付けなきゃいけないのはさ。何人ものスタッフがいる店で、売る能力がある子がいて店が回っていると、売れない子も自分に能力があるように錯覚してしまうことだ。スタッフ全体の売る力を底上げできないと、特に景気が悪いときには店の業績に大きく影響してしまうからね。

強い「店の顔」があれば、息の長い店ができる

どんな時代にも強い店。それは、「ぶれない」経営をしている店だ。例えば、おでんの老舗。「おでん」という売りが絶対ぶれないから、お客さんはおでんが食べたくなったとき、「あそこに行こう」と思い出すわけでしょ。だから、売り上げにすごいピークはないかもしれないけど、世の中が不況でもつぶれない。こういう強い「店の顔」を持つことが、息の長い店を作るんだよね。

店の顔になるのは、なにもメニューだけじゃない。うちの場合はとことん「接客」が店の生命線なんだよね。**だから、メニューを開発するときも、うちならではの接客をするために「こんなコロッケを作ろう」とか、「お刺身をこう切ろう」とか、「接客をするためのメニュー」を重視して考えている。**

例えば、オレが考えたメニューの一つに「US10紙カツ」というのがある。アメリカの靴のサイズ「US10（約二八センチ）」にひっかけたネーミングで、豚バラ肉でキムチとチーズを挟んで揚げた大振りのカツだ。何しろ大きいから、お客さんによっては、食べ切れないという人も出てくる。そこが、このメニューの狙いどころ。残ったカツを、キャベツやからしソースと一緒にお客さんに持ち帰ってもらうんだ。そうすれば、翌日もお店のことを思い出してもらえるでしょ。

もちろん、この程度であれば既にやっている店もあるだろう。でも、オレは、これに薄いパンを二枚サービスで付けてあげるの。そうしておけば、これだけで次の日の朝食やお弁当にできるでしょ。たった二枚のパンで、単に余りものを持ち帰ってもらったときより、ずっとお客さんに喜んでもらえて、店のファンになってもらえると思うんだ。これが、「接客をするためのメニュー」ということなんだよね。

店の人気メニューが、ラスト一人前になったときなんかは、食べたいお客さんを募ってじゃんけんしてもらうのもいいよね。それで負けた人には、焼酎を一杯出してあげる。「やけ酒をサービスしちゃいます！」なんて言ってね。二リットル一〇〇〇円の安いお酒でいい。それでも、お客さんに喜んでもらえるはずだ。こういうことを続けていれば、「隣の店」には絶対勝てると思う。

「接客をするためのメニュー」には大きなメリットがある。それは、不況時にもメニューの値段を下げないで済むだけの付加価値を付けられるということなんだ。

不況になると、ファストフードや大手居酒屋など、安さを売りにした店の「善戦」が目立つけど、オレたちのような小さな店は値段を下げられないでしょ。値段を下げずにお客さんを満足させるには、どうすればいいかというと、メニューに付加価値を付ければいい。紙カツサンドのサービスのようにね。

うちでやっている「とろ角ソーダ」も、やっぱり「接客をするためのメニュー」だ。うちでは、随分前からウイスキーの「角瓶」を売ろうと考えてハイボールに力を入れてたんだけど、もっと力強いメニューができないかと考えたのがこれでね。瓶を冷凍庫に入れて、ウイスキーをトロトロの状態にして出すんだ。

お客さんに液体のとろみが見えないと意味ないから、客席まで瓶を持って行ってグラスに注ぐ。炭酸は別の小瓶に入れて出して、お客さんの好みで割ってもらうようにした。こうするだけで、ハイボールが俄然魅力的なメニューになる。

トロトロにしたウイスキーを使ったハイボールは、もともとある銀座のバーの有名メニューなんだ。それを少しアレンジした。メニューにそういう「立派な由来」があると、お客さんと話ができる。接客が上手じゃないアルバイトの子だって、楽しい会話ができるでしょ。ちなみに、「本物」を見たことがあるのとないのとでは店で話をするときに全然違うんだよね。だから、店の子たちには、とにかくそのバーに行ってみろと言っているんだ。

他店の名物メニューを参考にした料理はほかにもある。牛肉を使った「トロすじ肉じゃが」がそれ。牛スジの煮込みに温泉卵を載せた料理で、これを付け合わせのガーリックトーストに載せて食べる。老舗の有名煮込み料理をアレンジしたものだ。

その店の牛煮込みのつゆは四〇年近くつぎ足して使ってるんだけどね。うちの店でもこのメニューを考えてから、つぎ足し始めた。それで、その日のお薦めを書いたメニューに、つぎ足しを始めた日からの日数を大きな字で入れるようにしたんだ。こんなメニューを作れば、どんな話し下手でもお客さんと話をするきっかけが作れるはずでしょ。料理人が作ったものではなくても、こんなメニューは昨年より今年、今年より来年と、味を積み重ねていけて、「看板メニュー」にもなり得る。

一つひとつは大きなことではなくても、チリも積もれば山となる。お客さんにボディーブローのように効いていって、しまいにはノックアウト。店の大ファンにできるんだよね。

メニューを一〇〇円、二〇〇円下げるよりも、お客さんを楽しませて得したという気分にさせる。そうすれば、安い値段で勝負しなくても、お客さんはまた店に来てくれるはずだ。

不況のときは、「台風」が過ぎるのを、何もしないでじっと待つという店もあるかもしれない。だけど、そんな店はオレから見たら、そんなに自信あるの？って思っちゃうんだ。やっぱり不況時は、どんどん新しいことを考え、努力していかなきゃいけない。お客さんに店に来続けてもらうには、目に見える形で変えていかなきゃダメだ。オレはそう思うんだ。

お客さんが喜ぶ、客単価を上げるメニューを作る

客単価を上げたいと思ったときに、売り込みたいメニューを値下げしてお客さんにアピールしようと考える人がいるけどさ。オレは値段を下げて売ろうとは思わないね。値下げは、一時的には良くても、継続的に売れるようになる方法ではないからだ。

値下げした価格というのは、しばらくすればそれが「当たり前」になるでしょ。そうしたら、お客さんの目にはもうその価格は魅力的には映らない。だから、「安いから」ではなく、お客さんに「食べたい！」と思わせなきゃ、安定して売れるメニューにはならないんだよね。

うちでは客単価を上げるために、女性のお客さんの八五パーセントからデザートのオーダーを取ろうと頑張ったことがある。デザートのメニューは表面を

炙ったプリンや杏仁豆腐。一つ三〇〇円で、デザートの注文を一人一つ取れれば、客単価は約三〇〇円上がるって具合だった。

そのとき、どうしたか。

デザートに「サービス」と言って、アイスクリームを付け合わせることにしたの。こうすれば、値段は変わらなくても、お得感が出るでしょ。

これだけ聞けば、「なーんだ」と思うかもしれない。でも、ここからが重要。**アイスクリームを、キッチンの中でデザートにただ盛り合わせていてはダメ。そんなのを席に運んで、「サービスしときました」なんて言っても、お客さんは得した気持ちにならない。**

そうじゃなくてさ。アイスクリームのカートンを席まで持っていって、「サービスしときます！」って、その場で盛り付ける。そうすれば、お客さんの感動は俄然、大きくなる。同じ内容でも、絶対、すごく得した気になるはずだ。

その上、例えば、女の子二人組のお客さんで、片方の子しかデザートのオーダーを入れてくれてなくても、目の前でアイスクリームを盛るのを見たら、気分が盛り上がるでしょ。「じゃあ、私も○○をお願い」なんて言ってくれるわけ。

このメニューを出したら、お客さんがどんな反応を示すか。どう出したら喜んでもらえるのか。そこまで想像できなきゃ、八割以上のお客さんが頼むメニューにはできないんだ。

デザート以外のメニューでも、理屈は一緒。例えば、エビチリ。「大盛りにしときました」ってあらかじめ盛りをよくして出してもダメ。お得感は出ない。そうじゃなくて、目の前でお皿に「一匹おまけです！」なんて言って載せたら、お客さんはうれしいよね。

もっとも、シメのデザートを売るためには、お客さんとの会話がとても大事。売れるかどうかは、何よりもまず、デザートを食べたくなるような会話が相手とできているかどうかにかかっているからだ。

ダメなのは、「そろそろデザートをいかがですか？」なんていった杓子定規な売り込み。そうじゃなくて、「なんか、忘れもんないですか？　やっぱりデザートを食べなきゃダメでしょ！」なんてふうにお客さんに勧める。マニュアルじゃなくて、そのときどきの「生きた会話」が、オーダーに結び付いていくんだ。

デザートに力を入れたのと同じ時期、男性客には、デザートの代わりにシメの一品としてシジミ汁を売ったんだ。

それまで、シジミ汁は四〇〇円で出していたんだけど、器を箸洗いのような小さなものに替えて二〇〇円にした。それで、お茶代わりに男性客全員に勧めた。「シジミは肝臓にいいですよ！」なんて言いながらね。

使ったのは、有名な産地・宍道湖《しんじこ》のもの。値段も手頃だし、お薦めにしっかりとした理由があったり、材料にこだわりがあったりすると、アルバイトの子だってお客さんに売りやすくなるからね。

客単価を上げるために、一〇〇円で出す、ちょっとしたつまみを考えたこともある。ちょうど、チョコレートをコーティングしたパンの耳が人気だったから、チョココーティング菓子を作ったり、大根キムチを二切れとか、魚のあら煮をほんのひと口といったつまみメニューを考えた。こんなつまみがあれば、お酒が進んでドリンクのオーダーだって増えるでしょ。

メニューのアイデアは、日々の生活にあふれていると思うんだ。例えば、おもちゃのタイ焼き器。本格的にタイ焼きを作ろうと思ったら大変だけど、おもちゃには電子レンジでできるものがある。そんなのを使って、チーズとかチョコレートを付け合わせて一緒に出したら、立派なお酒のつまみになるじゃない。

とにかく、周りを広く見渡すことだよね。そうすればさ。お客さんにアピールできて、しかも明日からでも出せるようなメニューは、いくらでも見つかると思うんだ。

お客さんに語りかける品書きを作れ！

うちの店では、その日のお薦め料理は必ず手書きで品書きを作る。ただし、**お客さんの目を引くおもしろい品書きを作るには、商品を売ろう、と本気で思わなきゃダメなんだ。お客さんに語りかける品書きを作らなければ、商品は売れないからね。字が上手だとか下手だとかは関係ないんだよね。**

例えば、本日のお薦め品に「トマト」と書くのに、左側と右側のどちらに書くのか、メニューの上か下か、文字の大きさをどうするのかでお客さんに対するアピール度は全然違う。毎日品書きを作り直すのは、商品がより売れるようにするため。だから、その日のお薦め商品をただ並べただけでは、書く意味がない。

とはいえ、なにもすべての商品に対して全力投球をしなくたっていい。一〇個の商品があるとしたら、七個はいつも同じ書き方だっていいんだ。でも、三つの商品については、どう売ろうか、どうしたらもっと出数を増やすことができるのか、魅力的に見えるかってことを真剣に考える。そうすれば、商品が売れる品書きができるよ。

うちの店から独立した子が、三浦半島で捕れる松輪《まつわ》のサバを出していてさ。よく知られている豊後水道《ぶんごすいどう》の関サバと並び称されるような高級サバなんだけどね。その子が無口な性格でさ。松輪のサバのおいしさや違いを、うまくお客さんにアピールできないの。そんな店は、品書きに商品のこだわりを「しゃべらせる」べきだと思うんだ。

例えば「関サバさようなら！　これからは松輪サバです」と書いてアピールする。そもそも「松輪って何？」なんてお客さんが多いはずなんだから、それを品書きで教えてあげられれば親切だよね。当たり前のことのようだけど、そんなちょっとしたことにさえ気が付いていない人が意外に多いんだ。

字が下手だってお客さんの目に留まる、色気のある品書きを作ることはできる。例えば、紙の七割に品書きを書いて、残り三割は白い空間のまま残す。不思議なことに、それだけで書いた文字が自然と生きてくるんだ。余裕があれば、自分でハンコを作ってポンと押してやれば、味のある品書きになる。タレントの下手なサインだって、簡単なハンコやイラストがあるだけで、ぐっと色気が出るでしょ。それと同じことだよね。

メニューのネーミングでもさ。ちょっとしたことで、その商品が売れるか売れないかに影響が出る。

うちから出た子で、お客さんにアピールするメニューを書くのが得意じゃない子がいたんだけどね。店でワインを出しているんだけど、品書きに「安うまワイン」なんて書いているの。

これじゃ、お客さんはワインを頼みたくならない。

同じ一杯でも、初めから「安いワインです」って言われて出されるより、「おいしいワインだけど、一生懸命リーズナブルな値段で出しています」って言う方が、お客さんは飲みたくなるでしょ。ちょっとしたネーミングの違いにも、お客さんの気持ちをどこまで突き詰めて考えているかが、表れてしまう。そして、お客さんの気持ちを想像する力は、商売には絶対必要なんだ。

デパ地下を「味方」に付ける

うちの店を独立した子たちの間でも、力がある子の店とない子の店にはどうしても差が出てくる。だから、店の子たちを育てていくにあたって、何をしたらいいのか。どうしたら、この子たちが戦うための武器を増やしてあげられるのかって、オレはいつも一生懸命考えている。

強い存在感を持つ店というのは、親父のキャラクターに味のあるような店が多いよね。オレがよく視察に行くのも、そんな店だ。でも店の子たちが、全員キャラクターで勝負できるわけじゃない。お客さんを話術や存在感で引き付けられる、強烈な店主になるのは、生易しいことではないからね。

うちの店では、ひいきのお客さんをたくさん抱えているようなキャラクターの立った店長が独立したら、制服やメニューを取り替えているんだ。そんな店長が抜けた穴は、何の「武器」もなしでは、簡単には埋められないからね。制服やメニューが違えば、「今度の制服どうですか?」とか「新しくこんなメニューを始めたんです!」なんてお客さんに話しかけることができるでしょ。前の店長がいなくなったことに気付いても、「(店長がいなくても)頑張ってるね!」なんて、言ってもらえるかもしれない。

強いキャラクターを持たない、どんな子でも使える「武器」を探したいから、近頃は、お客さんの目を引き付けるセンスの良い料理を出したり、誰もがマネしやすいけど光る接客をしたりするような店に特に目がいくようになった。

例えば、この間オレの馴染みの寿司屋で、キュウリとアナゴの手巻きを頼んだときのことなんだけどね。そこの親父が若い職人に、「海苔《のり》、パリパリに炙ってね!」って言ったんだ。

思わず、「うちの子たちに必要なのは、これだ!」となったね。

手巻き寿司用の海苔をパリパリに炙るなんて、寿司屋では当たり前のこと。

若い職人さんにとってみれば、親父に言われなくても、パリパリに炙ったかもしれない。だけど、親父があえてそれを言うか言わないかで、お客さんに与える印象は天と地ほど差が出るんだ。たった一言で、海苔を食べたときのパリパリとした食感や、炙りたての香りなんかが想像できて、これから出てくる寿司が、すごくおいしそうに思える。

お客さんにもっとおいしく飲んで、食べてもらいたい。そのために、キンキンに冷やしたグラスにビールを入れ、煮込み料理をアツアツで出す。居酒屋にとって、当たり前のサービスをあえて言葉にして口に出してみるといい。「ビール、キンキンに冷やしときました！」とかね。それだけで、店の価値はグンと上がるはずだ。個性では勝負できないような子でも、これならできると思うんだ。

一方で、「料理のセンスが良い」と思われるには、どうしたらいいのか。うちの子たちは、長年修業を積んだ料理人というわけではないから、レストランのシェフのような技はない。でも、隣の席に運ばれてきた料理を見て、「あれを食べたい！」とお客さんに思わせる料理はできるはずだ。センスが良い料理というのは、そんなお客さんをワクワクさせる魅力を持った料理のことだよね。世の中には、安い豆腐にほんの少しネギやショウガを載せただけの冷ややっこを出す店が山ほどある。いくら値段が安くても、それが隣の席に出てきたら、「あれ食べたい！」となるどころか、がっかりしちゃうよね。

たとえ、安い豆腐を使った冷ややっこを出すとしても、豆腐をスプーンですくって何層にもして盛り付け、層の間にカツオ節やショウガを挟んで最後にネギをトッピングしたら、楽しいメニューができるじゃない。

熟れすぎてぶよぶよになり、「冷やしトマト」としては出せなくったトマトも、工夫次第で魅力的に見せられる。あえて「完熟でおいしいよ！」と言って、お客さんの目の前でトマトをジューサーにかけ、焼酎の生トマトジュース割りを作ってあげれば、「熟れている」ことが売りになるでしょ。隣に座っている人が、

「私もちょうだい!」なんて言いたくなる商品になるよね。

お客さんが飲食店に来るのは、楽しむためだ。楽しめない店なんて、コンビニや自動販売機でものを買うのと変わらないよね。今いる店で次々と食べたくなるような料理が運ばれてきて、雰囲気も楽しければ、お客さんは隣の店のことなんて考えない。だから本当は周囲にどんな競合店があるかなんて関係ないんだ。最近はそんな基本的なことを忘れている店が多いって、オレは思う。

「あれ食べたい!」と思わせるメニュー作りを自分だけであれこれ考えていても限界がある。だから、いろんな店を研究して、盗めるワザは盗んでいかなきゃいけない。

例えば、一番身近なアイデアの宝庫は、デパ地下だ。人気の総菜チェーンは、社内で数え切れないほどの商品案を出し、その中から厳選した一品を店頭に出しているはずでしょ。それも、女性が買いたくなるように仕上げた形でね。デパ地下を利用する若い女性などはまさに、うちの子たちが出すような店のター

ゲットと属性が重なるわけだから、研究しない手はないじゃない。

デパ地下は、メニューのネーミングでも「宝の山」だ。山のような候補の中から勝ち抜いたものが、店頭に出ている商品名だからだ。年に何回も商品が入れ替わり、旬や流行りもしっかり取り入れている。だから、並んでいる商品を見て回るだけでもすごく参考になる。「○○の三○品目サラダ」なんて、うまいよね。

気になる商品があれば、いくつか買ってきて、自分の店で「分解」してみてほしいな。ハーブの使い方とか、学ぶべきことはいくらでもある。大切なのは、ほかの店で「これだ」と思うメニューがあったら、すぐ自分でも作ってみることだよね。記憶が新しいうちに作れば、より良いものができるはずだ。実際に作れば、うちの店ではこうした方がいいとか、自分なりのアイデアも出てくるようになるからね。

4

接客の極意

お客さんを
喜ばせるのは
簡単だ

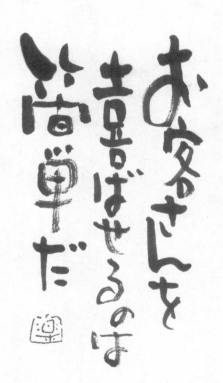

話ベタでも大丈夫、カンタン接客トークのコツ

独立を目指してうちに来た子たちの中には、お客さんとうまく話ができないって子もたくさんいる。でも、オレだって最初はお客さんと話なんて全くできなかった。それどころか、社会人になりたての頃に勤めた店では、先輩から「お前、顔が怖いぞ」って言われてさ。トイレの鏡の前で「ニッ」なんて一人で笑って、笑顔を作る練習をしたもんだ。

独立して自分の店を持ったからといっても、すぐお客さんとやり取りができるようになったわけじゃない。

最初やってた店は、会社帰りに一人でふらっと来る人が結構多かったんだよね。カウンターだけの店でお客さんと向かい合う。逃げ場がないじゃない。ドギマギして何か話さなきゃって、「ご近所ですか?」とか、お客さんがウイス

キーを頼めば「いつもウイスキーですか？」なんて、ぎこちない調子で話してたなぁ。

間が持たないから、料理のネーミングなんかを一生懸命考えるようになってさ。おもしろい料理名を付けると、お客さんが「これ何？」と聞いてくれるからね。話をするきっかけになるわけだ。

今では、内装に使う雑貨や食器を探して見て回るときも、あれこれ手に取りながらお客さんとのやり取りをイメージする。どんな明かりにしようとか、どんなグラスを使おうとか、自分の店を作るときはみんな考えるでしょ。これがいいなと選びながら、同時に「お客さんとどんな話ができるだろう」と考えれば、自分の持ちネタにできるんだよ。

自分でイメージすることさえできれば、店の中のものは変幻自在にお客さんとの会話のきっかけになるもんだ。

うちの店に、本当に全然お客さんと話ができない子がいてね。四角い眼鏡を掛けていて雰囲気も硬いから、「オレが金《かね》を出すから新しい眼鏡を買ってこい！」って、丸いフレームの、ちょっと愛嬌がある眼鏡に強制的に換えさせた。そんな子だった。

眼鏡を換えたからって、すぐ接客がうまくなりはしないけど、彼なりにいろいろ考えたんだろうな。ある日、彼のいる店に行ってさ。注文した焼酎が出てきたから飲もうとしたら、「ちょっと待ってください」と制するんだよ。それから彼は、机の上にドンッと瓶を置いて「これは名前に〝神〟が入ったお酒ですから、〝神棚〟に拍手《かしわで》を打ってから飲みましょう！」って言ったんだ。

お酒を飲む前に、店の人と一緒にパンパンッて拍手を打ったら、お客さんも楽しいし、ぐっと店に引き込まれる。お酒の名前ひとつで、こんなことが言えるようになったんだとうれしかったな。その子は今独立して、複数の店を切り盛りしているよ。

話す内容なんて、ちょっとしたことでいいんだ。それで、立派にお客さんと

これは100円ショップで買った洗濯物干しにキッチンツールを吊り下げて作った安ライトだけどさ。こんな電灯が店にあると「あ、これフォーク！」なんてお客さんが言ったら、「こっちにはタワシがありますよ」なんて会話が弾むんだよね。

コミュニケーションは取れる。例えば、手羽先の唐揚げのオーダーがあったとする。「右手がいいですか？　左手ですか？」って言うだけでも、場の雰囲気が明るくなるでしょ。

ささいなことでもいいからメニューにこだわりを持って、話のネタにするのもいいよね。

仲間の店から独立した子の店で手打ちうどんを出しているところがあるんだけどさ。薬味のネギにはすごく思い入れがあっていいのを使ってるんだ。それで「うちのネギは◯◯だからおいしくってね」って、お客さんにうれしそうに話すの。ネギ一本のことだけど、自分がこんなにこだわってるんだということが伝わってさ。そんな話を聞けば、おいしさも倍増だよね。

勧めたいのは、何でもいいから趣味を持つということ。音楽でもサーフィンでもいいから、仕事とは別に夢中になれることを見つけて欲しい。サーフィンなんかだったら、波に乗った自分の写真を店に飾っておけば、お客さんと話をするいいきっかけにもなる。「これは湘南で撮った写真で」なんて言いながら、「こないだ行ったときに買ってきたんです」と名物のシラスを出す。お客さんは、ここの店長は楽しんでるんだなぁと思うでしょ。そんな店で飲み食いしたら、こっちも楽しいよね。

気を付けたいのは、いわゆる「お客さん」との人間関係だけに気を配るのではなく、出入りの業者、アルバイトなどともいい関係が作れるようにすることだ。自分以外は、みんなお客さんになる可能性があるからね。

学生時代に、八百屋のアルバイトをやっていたんだけどね。ある日、有名な天ぷら屋に配達に行ったんだ。配達を始めて間もなかったから、表から「配達に来ました！」と入ったら、いきなり「バカヤロー」と主人に怒鳴られてさ。出入りの業者は裏口に回るもんだと、ものすごい剣幕でね。このとき、オレは「ああ、この人は商売を知らないんだな」と思ったんだ。

同じように「バカヤロー」と言っても、その後お茶のひとつでも出して今度は気を付けろよ、と言ってくれたら、オレはその店が好きになるよね。社会人になって、店の客にだってなるかもしれない。そういう商売人としての基本が、天ぷら屋の親父には見えてなかった。「こういう人がいるなら、オレでも飲食店をやっていけるぞ」と自信を持った一件でもあったよね。

オレはアルバイトも別の場面ではお客さんになると思っている。だから、まかないでも絶対においしいものを出すんだ。

商売はいろいろな人と人との関係の上に成り立っている。一方向だけを向いていたのでは、お客さんを楽しませるようないい店はできないよ。

第一歩はお客さんの名前を覚えること

どんな時代でもさ。オレが接客で一番大切だと思っていることがある。店に来るお客さんの名前を一人ひとり覚えることだ。これは、接客の基本中の基本。シンプルだけど、一番お客さんの心をつかんで、店の売り上げにもつながる方法だ。

だってさ、ドリンクを注文したとき、「A1に、ビールお願いします！」なんて厨房に声をかけられるのと、「鈴木さんに、ビールお願いします！」と自分の名前を言われるのじゃ、全然違うでしょ。絶対、名前で呼ばれた方が楽しくなれるよね。お客さんが行きたくなる店だ。

例えば、バーなんかは分かりやすいよね。せっかくボトルを入れてまた来たのに、カウンターに座ったとき初めてのお客さんみたいに「何にしますか？」

って言われたら、イヤじゃない。名前ぐらい覚えててくれなきゃさ。いくら丁寧に応対されても、そんな店はママが「○○ちゃん、ボトル入ってないわよ〜」なんて、ちゃんとお客さんを名前で呼ぶ店には勝てない。

大手チェーン店でもさ。店員さんがキビキビ仕事をして、丁寧な応対をしてくれるわけ。でもそれは、お客さんと「関係を作ろう」という接客じゃない。お客さんの名前まで覚えようとはしない。だから、名前を覚える接客は、小さな店の大きな武器なんだよね。

実際に、お客さんの名前を覚えることが、売り上げに直結した例もある。うちの店の店長で、どうしてもお客さんの名前を覚えられないって子がいてさ。そこで、どうしたらいいかって考えて、カウンターの後ろ、お客さんからは見えない場所に卓番表を置いて、座っているお客さんの名前を書いて、スタッフみんなでお客さんの名前を呼ぶようにしたんだ。そうしたら二カ月で、なんと月商が約一五〇〇万円アップした。それも、あのリーマン・ショック直後の話だ。

お客さんは名前で呼ばれたら、絶対うれしいもんだ。特に世の中の景気がよくないときなんかは、仕事で苦労しているから、お客さんは飲食店に温かさを求める。自分のことを覚えてくれて、楽しい気分にさせてくれる店だからこそ、懐がちょっと寂しくても行きたいと思ってくれる。

人の名前を覚えるのが苦手でも、やる気になれば方法はいくらでもある。どうしても顔を覚えられないんだったら、赤いセーターを着た女の子は○○さん……なんて、服装で覚えるようにしてもいいよね。間違えたら怖いから名前を言えない、なんていう人もいるだろうけど、間違えたって言った方がいい。もし、間違えたら謝ればいいんだし、その後、ちゃんと名前を呼べれば十分フォローできる。

もう一つ、**大切にしたい接客術の基本がある。それは、相手に自分の名前を覚えてもらうことだ。**

うちの店では、みんな、自分のニックネームを書いた大きな名札を付けてるんだけど、カッコが悪いからとか、やめちゃう店もあったんだ。そもそも何のためにそんな名札を付けてるか、忘れちゃうんだよね。

名札を付ける一番の理由は、単純明快。お客さんに自分の名前を覚えてもらいやすいようにするため。自分の名前を覚えてもらえば、お客さんと「人と人」の関係ができるでしょ。

だって名前が分かってれば、ただ「ビールもう一杯」じゃなくて、「みよちゃん、ビール!」なんてオーダーしてくれるわけでしょ。そんな関係があると、「今から五人前、肉じゃが作ります! 欲しい人、手を挙げて!」なんて販促をかけたとき、すごく売りやすくなる。だって、お客さんに「どうですか?」と声をかけるだけでも、「みよちゃんの勧める肉じゃがなら食べようかな」なんてことになるからさ。

メニューが売れるには、「売るリズム」が必要だ。名前を覚えたり、教えることでお客さんとの間に関係ができると、このリズムができてくるんだよ。

中には、自分は話し下手なので、お客さんの名前を覚えても接客に活用できそうにないなんて思う人もいるかもしれない。でも、名前を覚えたり、覚えてもらうことと、話の上手下手は別のことだ。話し上手になれって言ってるわけじゃない。だって、話がうまい子ばかりが飲食店をやるわけじゃないよね。話し上手というのは、才能だから、誰もがなれるもんじゃない。

お客さんにいい接客をするためには、話なんかうまくなくたっていいんだ。寿司屋に行って「田中さん、新子《しんこ》が出たよ！」なんて言われたら、それだけで気分いいじゃない。それで、「いいね。握って」なんて返すわけでしょ。難しい話術なんて全然必要ないんだよね。

木下藤吉郎の「草履」が語り継がれるわけ

小さな店は、お客さんの心をガッチリつかんでおかないと、大手チェーンに負けてしまいそうだ——。そんな不安をよく聞く。でも、お客さんの心をつかむということを、みんな難しく考えすぎ。接客は、「相手を喜ばせる」ことを至極オーソドックスに考えれば、それでいいはずなんだ。

例えば、あいさつ。店にお客さんが入って来たとき、どんなふうに「いらっしゃいませ」と言ってるだろう。マニュアル的に大声で「いらっしゃいませ」と言って仕事した気になっていないだろうか。これじゃあ、お客さんの心はつかめない。

昨日の「いらっしゃいませ」と、今日の「いらっしゃいませ」は、絶対違うはずでしょ。ザーザー雨が降っている日だったら、「こんな雨の中を来てくれ

てありがとう」という意味を込めた「いらっしゃいませ」になるはずで、その日の天気やお客さんの状況を考えるだけでも言葉に込める気持ちが変わらなきゃおかしいよね。

小さなことだけど、積み重ねれば大手にありがちな「マニュアル接客」とは大きな差が出る。スタートラインでは、たった一度しか角度の違わない方向を向いていても、何百メートルか先では、歩む道が左右に大きく分かれてしまうようなものだ。

お客さんの心をつかむのに、特別なノウハウは必要じゃない。まずは原点に戻って、自分が本当に心から「いらっしゃいませ」と言えているかどうかを毎日自問してみるといい。

どうしたらお客さんが喜ぶのかと考えるのは、すごくシンプルなこと。恋人にプレゼントを贈るときは、どうやったら相手が喜ぶかを一生懸命考えるでしょ？　それと一緒なんだよね。接客はテクニックじゃない。どれだけ相手が喜ぶことを考えているかなんだ。

それにオレは、接客に向き不向きがあるとも思わない。これまで、うちで「修業」するいろんな子を見てきたけれど、「こいつ大丈夫かな」と思った子でも、立派に成長して独立し、店を繁盛させているよ。ただ一つ言えるのは、自分の店を持とうと言うからには、恋人の笑顔を見たいのと同じくらい、お客さんの笑顔を見たいと心から思うこと。そんな気持ちがなきゃダメだよね。

簡単なことでお客さんを逃している店は多い。例えば、オープンしたての午前一一時半に入ったカレー屋で、テーブルの上の福神漬けが器の底にしか入っていないことがある。これはもうダメ。お客さんが笑顔になるわけがない。「福神漬け足りてます?」。こんな簡単な一言でもカレー屋でかけてもらえばうれしいのに、やらない店が多い。

織田信長の草履取りだった木下藤吉郎（後の豊臣秀吉）が、懐で冷たい草履を温めて信長の歓心を買ったという話が、いまだに語り継がれているでしょ。

裏を返せば、そんなちょっとしたことでも気が付きさえすれば、人の心をガッチリつかめるということだ。

居酒屋では、どんなことができるかって？　例えば、焼きそばのオーダーが三人前入って、注文したお客さんの一人が常連でシイタケが嫌いだと覚えていたとする。そうしたら、それは人の心をつかむチャンス。料理を出すときに「一人前、シイタケ抜きにしておきました」って言ったら、そのお客さんはうれしいよね。これを「面倒」と考えるか、大した手間のかからない「チャンス」と考えるかで、店の未来は大きく変わる。そのお客さんは確実に次につながるだろうからね。

よく、「客の身になって考えろ」と言うでしょ。あれは、「客の身」と考えるからよく分からなくなる。「客」ではなくて、「自分」なんだよね。どんな店だったら自分が楽しいか。それを考えれば、おのずといい店ができる。

上方のある大御所落語家に記者が「噺《はなし》をするときは、客席のどのあたりを見ているんですか?」と質問したところ、その落語家が「何言うてますのや。〝ワタシ〟が客席におりますがな」と切り返したという話がある。店をやるのも同じ。カウンターの内側にいても、常に自分の意識を客席において、自分自身がどう見えているか、この店にいて楽しいかと考えるようにすればいいんだよ。

接客と言っても、お客さんのそばにいる必要はない。店のどこにいたって相手を笑顔にすることはできる。カウンターの内側にいる自分から遠いところに座ったお客さんに声をかけづらかったら、フロア担当に「料理がうまいか聞いてきて」と頼んでもいい。お客さんがこっちを向いて「おいしい!」と言ってくれたら、手でピースサインを作って返す。これだけで、お客さんとの距離は一気に縮まるもんだよ。

昔やっていた小さな店で、常連の女の子が帰ろうとして出入り口の扉に手をかけたときに、近くにあったみかんを「みち子ちゃん!」と名前を呼んでカウンターからポーンと投げたことがある。女の子がパッと取ったら、そこにいたほとんどのお客さんが「ナイスキャッチ！」と言って笑顔になった。みかん一つで店が一体になったんだよね。女の子もうれしそうだった。忙しくてわざわざ入り口まで見送りに行けなくても、お客さんに喜んでもらう方法はいくらでもあるんだ。

飲食業は「一〇〇円のトマトが三〇〇円になる商売」と最初に言ったけど、差額の二〇〇円はオレたちの「心」。だから、お客さんも三倍のトマトを高いと思わない。お客さんが笑顔になるような店をやる。そして自分もハッピーになる。これが、飲食業だと思うんだ。

接客ひとつでお得感は変わる

オレたちのような小さな居酒屋は、大量に仕入れて価格を下げるという商売はできないよね。値段で大手と勝負しようったって、そもそも、できるわけがない。だから、やっぱりオレたちの店が長く生き残っていくために必要なのは、「人の温《ぬく》もり」に尽きると思うんだ。

お客さんに値段で得したと思わせるのでもさ、単にメニューの値段を下げるとかじゃなくて、お客さんと温もりのあるやり取りをする中で、お得感のあるサービスをする。この方がずっと、お客さんの心をつかむ効果があるんだ。

これは、実は大手チェーンだって、小さな店だって変わらないことだと思う。

例えばこんなことがあった。

ある大手居酒屋チェーンの店に行ったときのことだけどね。ウイスキーの角瓶を飲んでいて、ボトルを追加オーダーしたら、なかったの。そうしたら、ごく普通のおじさん、という感じの店長さんが来て、「ジャック・ダニエルならありますす。角瓶を切らしたのはうちが悪いんですから、値段は角瓶と同じでいいですよ」って、ニコニコして言うんだ。価格は一〇〇〇円ぐらいジャック・ダニエルが高かったと思う。こんなサービスをさらりとされたら、いい店だと思うよね。それに、これでお客さんがまた来てくれたら、店にとっても一〇〇〇円の価格差なんて安いものだよ。

家の近くの大型スーパーの最上階にある、とんかつチェーンの店もすごいんだ。子供が小さいときから行ってるんだけど、感じのいいおばちゃんが働いていてね。よくお客さんのことを見ていて、「あら、キャベツないわね。どうする?」なんて、子供に聞くんだ。普通のお母さん、って感じで温かいんだよね。お味噌汁もお代わりし放題なんだよ。

ところがあるとき、そのチェーンのほかの店でお代わりを頼んだら、追加料金がいるって、そっけない態度で言われてね。そうしたら、まだ幼かった娘が「ここはいつもの店と味が違う！」って言うんだよ。同じチェーンなんだから、味がそんなに違うはずないのに、お母さんみたいな温かいおばちゃんがいるかいないかで、味も違って感じるってことなんだよね。

「ヒマ」の一言は口にするな

どんなときでも、経営者や店長が言っちゃいけないのは、「ヒマ」の一言だね。これは、仲間内にだって言ったらダメだ。例えば、独立したばかりの子の店に、うちの店の子を連れて見学に行こうと思っているとするよね。そのとき、「お店どう？」と聞いて、「ヒマでヒマで……」なんて言われたら、行かなくてもいいか、と思っちゃう。

混んでなきゃいけない、という意味じゃないよ。同じヒマでも、「今ならまだ、余裕があって良い接客ができるから、チャンスですよ」。そんなふうに言える店主の店だったら、行ってみようと思うでしょ。片手で数えるほどのお客さんしか入っていなくても、「すごくいいお客さんが付いてくれてるんです」と言える店主だったら、店を見に行こう、と思える。

要は、来てくれているお客さんをどう思えるか、ということなんだよね。

開店したてじゃなくたって、「ヒマ」の一言は絶対禁句だ。アルバイトの子がいたとして、店主が「ヒマだ」なんて言ってたら、「あそこの店、ヒマなんだよね」なんて外で言われちゃうわけでしょ。逆に、お客さんの数が多くなくても元気に接客をしていれば、「あの店、すごく元気な店なんだ」なんて言ってくれるわけじゃない。すごい口コミになるよね。

オレも店を始めたばかりの頃は、お客さんが来なくて、ヒマだったときもある。でも、ただヒマそうにしていたら、お客さんだってそんな店、入らないでしょ。だから、お客さんが入って来そうな気配を感じたら、わざと前にいたお客さんの汚れたお皿をカウンターに並べて、「ちょうどよかったよ。今、お客さんが帰ったところでさ」なんてやったもんだ。極端な話になるけど、「昨日は混んでて座れなかったんですよ」なんてウソを言ったとしても、入ってくれたお客さんに良い接客をすれば、迷惑をかけるわけじゃないから、許されるウソだと思う。店を良く見せようとする姿勢は、それ自体、店を活気付ける力になるんだよ。

「ヒマ」っていうのは、マイナスの言葉でしょ。お客さんを楽しませる店で使う言葉じゃない。お客さんを笑顔にするにはどうしたらいいか。それを考えるのが、オレたちの商売だ。そう考えたら、口にできない言葉だよね。

たった一人のお客さんでも、来てくれればヒマじゃないはずなんだ。一〇〇人入る店で一〇人しかお客さんがいなかったら確かにヒマだろうけど、一〇人、一五人しか入れない店で、一人のお客さんが持つ意味は全然違うでしょ。すごくうれしいはずじゃない。一生懸命、お客さんをどう喜ばそうかと考えたら、ヒマなんて思うはずがない。

時間があるときは、どうすればメニューが売れるのかとか、どんなことをすればお客さんが喜んでくれるのかを一生懸命考えて、そのアイデアをどんどんお客さん相手に試せばいいと思うんだ。

例えば、うちのある店では、単価が取れる刺身の盛り合わせを売ることに力を入れていた。刺身の盛り合わせって、食事が進んでいくと、大抵何切れか、手を付けないまま皿に残っているじゃない。それで、この「余りもの」をおいしく食べさせようと、ご飯に海苔を巻いただけの軍艦巻きを作ってみた。これとワサビに醤油をちょっと落とした小皿を一緒に持って行ってさ。「残ったお刺身をこれに載せて食べてください。おいしいですよ!」なんて言って、お客さんに出してみたんだ。余りものがごちそうになるんだから、お客さんは大喜びだよね。

こういうアイデアは、店が軌道に乗ってからじゃなくて、めちゃくちゃヒマなときじゃないと出てこないもんだ。もちろん、忙しくなってきたら「素」の軍艦巻きを作るのだって大変になるから、じゃあ、どうしたら混んでいるときでも同じことができるか、ってことも考えておく。あらかじめ握ったご飯を一つひとつラップで包んで用意しておくとかね。

大切なのは、思い付いたアイデアは、すぐ次の日にでも試してみること。オープンしたてだから、仕事に慣れるまでやらない、なんていうのはもってのほか。オレなんか、できるならその日にでも試してみる。料亭のお通しなんかを見て、「これはうちの店ではこう使えるんじゃないか」なんて思ったら、すぐ店に電話して、「こんなのできない？」ってアイデアを伝える。作り方なんてよく分からなくたって、本を見れば大抵のことは調べられる。アイデアを形にしていく力を付けるには、この機動力がすごく重要だ。

アイデア倒れってことだってあると思うよ。マズイってものだってあるかもしれない。オレも、見栄えもするし、いいんじゃないかってキウイで白和《しらあ》えを作ってみたら、おいしくなかった、なんてこともあった。

でも、オレたち居酒屋商売は、最初から出す料理が完璧じゃなくていいと思うんだ。もしかしたら一〇〇〇人のお客さんにちょっぴり迷惑をかけるかもしれないけれど、でも、その経験を土台に自分や店が成長していければいいと思う。これが料亭だったら、開店して一人目のお客さんから完璧な料理を出さなきゃいけないよね。そういう世界とオレたちの居酒屋は違うでしょ。料理のプロではないから考え付くメニューの良さってあると思うんだよ。アマチュアだからこそ、作れる世界がある。居酒屋っていい商売だよね。

たった一人のお客さんを歓迎できるかが勝負

台風が多い季節なんかで、天気が悪くてお客さんが少ないときにスタッフを減らしたり、早く帰らせたりする店がある。

でも、どんな大雨が降っていようと、お客さんが来てくれることはあるよね。そのときに、「二、三人〝しか〟入っていないから、早めに店を閉めよう」と思うか、「雨にもかかわらず二、三人〝も〟入ってくれたんだから、頑張ろう」と思うかで、店の実力には大きな違いが出る。

お客さんが少ないからと、スタッフを早く帰らせるのではなく、お客さんが少ないときにしかできない、手厚いサービスに挑戦する。それが、繁盛する店の考え方だと思うんだ。

雨の日に来てくれたお客さんには、普段の営業と同じような調子で「いらっしゃいませ！」と言うのではなく、「雨の中、ご来店ありがとうございます。来週も天気が悪そうですね……」なんて調子で話しかけるといい。自分に向かってかけられた言葉は、たとえささいなことでも心にじんわり響くものだからだ。

お客さんが店に入るときには、雨で濡れた体を拭くタオルを出すでしょ。そのときに、足を拭くための乾いたタオルも同時に渡すといいよね。台風などで雨がひどいときには、靴の中までびしょ濡れということがよくある。だからって、体と足と同じタオルを使うのはイヤだと思うんだ。タオルを用意したなら、あと一歩踏み込んでお客さんのことを考えたいよね。

そして、「今日はこんな天気でお客さんが少ないし、一緒に飲みませんか！」なんてお客さんに声をかけてみるのもいいんじゃないかと思う。それをきっかけにお客さんとの会話が弾むかもしれない。楽しく時間を過ごしてもらえれば、店のことが印象に残って、ひいきにしてくれるようになるだろう。

スタッフを減らしたせいであまり良いサービスができず、せっかく来てくれたお客さんに「つまらなかったな」と思われたら元も子もない。

商売には運が必要だけど、運は自分で引き寄せるもんだ。雨だから早く店じまいするなんて消極的なことを考えていては、運はつかめない。どんなときでも、店に来てくれた人をいかに喜ばせるか。それを考えることが大事なんだ。

接客の「天才」は経験が作る

街の飲食店を見ているときさ。基本中の基本のようなことをスタッフができていないことがある。例えば、オーダーを覚えること。特別なことじゃないけど、案外、これができない人によく出くわすんだよね。

この間、ある大手レストランチェーンの店に家族で行ったときのことなんだけどね。たった三品オーダーしただけなのにサービスの子は覚えられなくて、「ちょっと待ってください」って言うんだよ。お客さんのオーダーを聞くより、手元のPOS端末の入力に気を取られているんだよね。接客が、ただのデータ入力業務になっている。

サービスがしっかりしたフランス料理の店に行ったらさ。舌をかみそうな長い複雑なメニュー名を暗記していて、「本日のお薦めは……」ってすらすら説明してくれる。「四番目に言ったのなんだっけ？」と聞き直したって、さっと答えてくれるでしょ。

高い店だからうちとは違う、ってことじゃない。これは、接客の姿勢の問題だ。お客さんに楽しんでもらおうと思う気持ちのあるなしが、注文の聞き方ひとつにも出てしまうんだ。

普段はちゃんと接客ができている店でも、忙しくなると気配りがなくなる。たとえ景気が悪いときでも、週末とか大口の宴会が入ったとか、店が忙しくなるときって、やっぱりある。そんなときのために心の準備をしておかないと、お客さんに満足してもらえる接客ができない。そうしたら、みすみす店のファンを作る機会を逃してしまうよね。

うちの店では、こんな失敗をしたことがある。前に、地方からわざわざうちの店を見に来てくれた人がいたの。すごい雨の日で、場所が特に分かりにくい店だったから、びしょびしょになりながら、一時間も探したんだそうだ。そんな思いをして来てくれたのに、忙しい日だったとかで、そのとき接客した子は、濡れた服を拭くタオルひとつ渡すでもなかったみたいなんだ。

お客さんを大事にする気持ちがあれば、忙しくたって、そんなお客さんの様子を見たら、大変な思いをして店に来てくれたんだって、ひと目で分かるわけじゃない。そうしたら、タオルを渡すのはもちろん、「来てくれてありがとう」って気持ちを込めたサービスをしなきゃいけないよね。この場合は後で、事務所にお叱りの電話をかけてきてくれたんで、こちらの接客のまずさが分かったんだけど、伝わってこないお客さんの不満は、もっとずっと多いはずだ。言ってくれてありがとうと思ったよ。

こんなこともある。うちの店を気に入って、友達を連れて来てくれたお客さんがいたんだけどね。その日はやはり忙しくて対応がよくなかったようなんだ。そうしたら、お客さんから「恥をかかされた」って怒られてね。うちは名札を付けていて担当の子が分かるから、その子が「すみません」とお詫びの手紙を書いた。

　余裕があるときと全く同じ接客はできないかもしれないけど、忙しくても、お客さんを大事にしている、という気持ちを伝えることはできる。

　うちでは、例えば、カウンターの中で店内を広く見渡せるようなポジションにいる子には、「自分から遠い場所に座っているお客さんにも、目が合ったらちょっと手を上げて〝どうも！〟ってニッコリしようよ」なんて言っている。これだけでも、お客さんの気持ちは全然違ってくる。

　料理をすぐに出せなくて、お客さんを待たせてしまうこともあるよね。そんなときは、ちょっとしたつまみをサービスで出してもいいし、店にいる間にフォローができなかったら、お客さんの帰り際に「今日はすみませんでした。今度はしっかりサービスするんで、また、来てくださいね！」なんて言うだけでも、随分違うと思うんだ。

　お客さんを店のファンにするには、何より、自分の接客で喜ぶお客さんの表

情まで思い描いて接客することだよね。天才肌のヤツならさ。経験を積まなくても、そんな接客ができる。でも、普通は想像力が足りない。だったら、経験を積むしかないよね。あいさつひとつにしたって、こう言ったらお客さんはこんな反応をしたって、一つひとつ経験を積んでいくことが大切なんだ。

オレは、店の子に独立まで五年はうちで頑張れと言う。開店資金を貯めるのに必要な期間だと思うからだけど、接客経験を積むのに必要な期間でもあるんだ。

先日、うちの店で、あるお客さんが、飲んでたビールのグラスを手で倒して割っちゃったんだけどさ。そうしたら、店長が「新しいビールを用意したのでどうぞ」と言って、すぐにもう一杯サービスしたんだって。そのお客さんは自分のせいなのに……って感動してね。お客さんの失敗を自分を売り込むチャンスにしちゃったわけじゃない？　すごいことだよね。

勘違いしてはいけないのは、ビールをサービスすることが「正解」なんじゃないということ。そう決めちゃったら、タダのマニュアルでしょ。要は、お客さんに楽しんでもらいたいという気持ちが伝わる接客を、常に考えていることが大事なんだ。

クレームを減らすお客さんとのいい関係

飲食店をやっているとどんなに気を付けていても、避けて通れないのがお客さんからのクレームだ。クレームを受けるのは、ありがたいことだ。お客さんが店の改善点を指摘してくれるんだから、素直に聞いて改めればいい。**本当に怖いのは、お客さんが胸にしまい込んでしまうクレームなんだ。**

例えば、飲食店の苦情の中で一番多いのは、料理やドリンクがなかなか来ないというクレームでしょ。ところが、料理が来ないことにイライラしていても、その場では「来ていない」とはっきり言えないお客さんは案外多い。そういう人は、口には出さなくても「この店にはもう来ない」と思って帰るよね。そんなふうに、目に見えないところでお客さんを失うのは、とても怖いことだ。

そこで、オレがいつも店の子たちに言っているのは、金曜や土曜など店が忙しくて料理を出すのが遅れがちな日には、一つのテーブルに料理を出したら、必ず両隣に「出ていないものありますか？」と聞くようにするということ。クレームが出る前にできるだけ予防線を張るわけだ。

そして、予防線を張ったにもかかわらず、お客さんに「料理が来てないよ！」と声をかけられたら、「すみません！　すぐ出します！」と返す。「ちょっと待ってください」ではダメ。誠心誠意対応しているという姿勢が、お客さんに伝わる言い方をすることが大切だからね。

また、どうしてもお客さんを待たせてしまうときは、「お待たせしてすみません」と、すぐ出せるちょっとした一品をサービスで出してもいい。こうすれば、悪い印象を良い印象に変えることもできる。苦情が出るような状況をプラスに変えることができるんだ。

注文された料理を滞りなく出すということは接客の基本だ。でも、皮肉なことに、繁盛すればするほど、忙しくて、これをきちんとやるのが難しくなる。

そんなときもちょっとした気遣いひとつで、なるべくクレームが出ないようにすることはできる。

料理やドリンクをひっくり返すのも、飲食店につきもののトラブルだよね。そのほかに大きなトラブルとしては、お客さんのコートや靴などがなくなるというケースもある。いずれも、予防線を張ることはできるよ。

例えば、大きな怪我《けが》につながりかねない熱い鍋などをお客さんに出すときは、必ず周りにも聞こえるように「熱いから気を付けてくださいね」と言いながら出す。お客さんの後ろからオーダーの品を出すときも、しっかり声をかけてから出す。そうすれば、周囲のお客さんが突然立ち上がって、料理やドリンクがこぼれるという状況も未然に防げるでしょ。

あと、小さくてスタッフも少ない居酒屋は、コートなんかを店側で預かるのはやめた方がいいと思う。店員の目が行き届きにくいからね。コートなら席のそばなどお客さんから見える範囲に掛けられるようにして、お客さん自身で管理してもらう方が、「なくなった」といったクレームは防げる。

ただ、事前に予防策を講じても、クレームにつながるトラブルは起きてしまうもの。そうしたらもう、誠心誠意対応するしかないよね。

料理やドリンクをこぼしたら、心から謝る。怪我はないかを気遣い、汚れた服を店でクリーニングに出すなら、一番いい仕上げをして返す。持ち物がダメになったから弁償してくれと言われたら、お客さんに領収書を出してもらい対応する。

「私がやったんですか？」なんて経験の浅いアルバイトがお客さんに言ってしまうこともあるだろうけど、そんなときは店長がしっかりカバーをする。物がなくなって現金を請求されるのは一番困るケースだけど、こんな場合もまずお客さんの話をよく聞こう。

起きたことは仕方がない。だけど、クレームを受けた後の店の対応次第で、事は大きくも小さくもなる。トラブルが起きた後で、お客さんがどれだけ気持

ちよく店を出られるかが、最終的に大きなクレームになるかどうかの境目になるんだ。

実は、クレームが大ごとになりやすい店というのは、クレームの対処法自体が悪いというだけでなく、普段からお客さんと本当にいい関係が築けていない店だと思う。だから、クレームの最大の予防策は、万が一問題が起きたときでもクレームが大きくならないような接客を普段から心がけることなんだ。

うちのある店でのことだけどね。履物を脱いで上がる店で、男性の常連さんの靴がなくなってしまったんだ。それで、一生懸命探したけど出てこなかったことを店長がお客さんに伝えたら、「分かった。もういいから、今度サービスして」「すみませんでした。今度刺身《さしみ》盛りサービスします!」というやり取りで事が収まった。普段からお客さんといい関係を店が築けていたから、大きなクレームにはならなかったんだ。

例えば、お客さんのコートを「ここに置きました」とフックに掛けながら、「自分よりいいコートを持って帰らないでくださいね」なんて冗談を明るく言えるようならいいよね。そんなふうにお客さんとの距離を縮められるかどうかが、クレームを出さない店へつながっていくと思うんだ。

ちなみに、クレームとは違うけど、店で男女共用のトイレから店の男の子が出て来たところに、女性のお客さんが出くわしたとするでしょ。女性は自分の前に同じトイレで男性が用を足しているのはイヤなもんだよね。従業員ならなおさらだ。

だから、うちでは店の子がトイレに行くときは、入り口に「ワンミニッツクリーニング中」という札を掛けることにした。こうしておけば、お客さんがイヤな気持ちにならないだけじゃなく、「掃除してくれたんだ」ってかえって好印象を持ってくれるでしょ。もちろん、汚れていないかはちゃんとチェックして、スプレーで臭いも消してから出るようにしているよ。

5

「売る」ことの極意

チラシを配ってもお客さんは来ない

お客さんを店に呼び込む効果的な販促方法というと、すぐチラシを考える人がいる。でも、オレたち小さな店の商売では、チラシなんて配ったってダメ。だって、考えてみて欲しい。駅前で「ビールを半額にします」なんてチラシを配られても、どれだけの人が行くだろう?

たとえ来てくれても、チラシを店員に見せて割り引いてもらうだけだったら、店の人とのコミュニケーションなんて生まれない。そんなものに手間をかけるより、店に来てくれたお客さんのお酒のコップが空いたら、「オレ、この芋焼酎好きなんですよね。サービスするんで飲んでみて!」なんて注いでごらんよ。お客さんはその店、絶対いいと思うよね。これだって「半額」サービスだけど、チラシとは全く違うでしょ。

小さな店だったら、どんな販促でもありだと思うんだ。例えば、開店したてのときなんかはさ。初めて来てくれたお客さんが焼酎を注文したら、それと一緒に一升瓶をドンッとテーブルに置いて、「今日は来てくれたから、これプレゼントしちゃいます」なんて言ってもいいよね。

ただし、「これ、ボトルキープにして、次回来たときに飲んでくださいね」って条件を付ける。こんなサービスなら、周りに言いたくなるじゃない。早速翌日、友達や同僚を連れて来てくれるかもしれない。焼酎の一升瓶なんてせいぜい二〇〇〇～三〇〇〇円程度。ファンができて、新しいお客さんも来てくれるなら、安いもんでしょ。

昔、よく行った洋食屋があったんだけどね。ある日、店に行ったらそこの店主に「六本木の有名店と同じステーキ肉を半額で食わせてやるから、何人か連れて来い！」って言われたんだ。日程をすぐ決めてくれって言うんだけど、そんな話をされたら絶対に行くよね。オレもすぐに人を集めて食べに行った。で、店側がソンするかっていうと、そんなことはないんだ。そのサービスで新しいお客さんが何人も店に来てくれるわけじゃない。しかも、リピートする可能性が高い。この店はまた何かやってくれるんじゃないかって期待感があるからね。松阪牛の一番いいやつを半額で出したって、店は結局ソンをしない。一見、むちゃくちゃなようだけど、こんなサービスだってありだと思うんだ。

チラシや割引券なんて、駅前にある大手チェーンだって配るよね。オレたちの店は、駅の真ん前なんかじゃなくて、駅から遠い裏通りのビルの二階だったりするんだから、そもそも駅前の店と同じことをやってもダメでしょ。

小さな店で効くのは、お客さんが自分のためだけだと思えるサービスだと思うんだ。なにも一升瓶や松阪牛みたいな強いインパクトがあるものじゃなくたっていい。お客さんがオーダーのとき、「ハマチにしようか、マグロにしようか」なんて迷ってマグロだけ注文したら、「一切れハマチ付けときました！　今日のはおいしいから食べてください」なんて言って出す。刺身一切れなんて大したことじゃないけど、お客さんはすごくうれしいでしょ。おのずと店のファンになってくれると思うんだ。

メニューの書き方ひとつでも、簡単にお客さんが頼みたくなるような工夫はできる。前にも言ったけど、例えばサンマがおいしい時期だったら、メニューのサンマの塩焼きの上に「まかないで食べたんですが、お薦めです！」ってな具合に「生の声」を書くんだ。

飾らない、普通の言葉がいい。それが一番お客さんの心に届く。だって寿司屋だったら、「今日は、いいコハダが入ってますよ」なんてやるわけじゃない。お客さんも、そんな普通の言葉を聞いて「食べたいな」って思う。オレたちの店だって一緒だよね。その上、「今日、自分が食べてみておいしかった」というのは、小さな店だからできる最強の売り文句。旬の食材をアピールするために、三カ月も前から言葉を用意して印刷されたチェーン店の販促ポスターより、絶対にいいでしょ？

お客さんが料理をオーダーするときだって、いろいろな販促のチャンスはあるよ。例えば、焼きそばや麻婆豆腐のような一度に何人前も作れるような料理は、オーダーが一つ入ったら「今から熱々の麻婆豆腐を限定五人前作るので、手を挙げてください！」なんてやってもいい。手間は一人前も五人前も一緒でしょ。単品では安い料理でも、五人前のオーダーが入れば結構な売り上げにもなるし、忙しいときでも効率的に売り上げを伸ばせる。うちのある店で、スタッフが「忙しすぎてアップアップ（お手上げ）ですよ」と言ったことから思い付いたんだけどね。「お手上げメニュー」と名付けたこの販促メニュー、お客さんも楽しんでいたよ。

メニューに書いてないものを用意しておくという手もあるよね。「（メニューにある）焼きそばじゃなくて、ほかに麺類ない？」って聞かれたら、「茶そばとかうどんもできますよ」なんてさっと答える。乾麺だったら、少しずつ何種類も用意しておけるからね。自分のためにメニューにない料理を出してくれたら、感激だよね。そんな店なら、また行きたくなるじゃない。

やることが全部アタリじゃなくたっていいと思うんだ。オレだって、アイデアの半分以上は失敗しているんじゃないかな。でも、たとえそのときは効果が出なくても、やったらやっただけの蓄積が店にできる。必ず結果は付いてくるもんだよ。

食材のロスを恐れるな

鮮魚などの食材は、ロスが出やすいことを考えると、どうしても思い切った仕入れができないと躊躇する人もいるけど、ロスは「出る」ものじゃなくて、「出す」ものなんだとオレは思うんだ。

例えば、開店したてで、まだどのぐらい仕入れをしたらいいか見当がつかないときは、刺身なんかの仕入れは控え目になりがちだ。でも、**「ロスが出たら怖い」なんて気持ちでいると種類も多く出せない。それじゃあ、せっかく刺身を出すことにしても、お客さんにとって魅力的なメニューにならないよね。**

だったら、ロスを恐れずに刺身を買って、無理してでも数種類は揃える。そうすればお客さんにも、「この店は魚を結構揃えてるな」なんて思ってもらえる。それで、夜一〇時を過ぎて売れ残るようだったら、半額にしてその日のうちに売り切ってしまえばいい。

半額で売っては儲からないかもしれないけど、ソンもしない。最初はそれでいいんだ。

「半額なんてすごいね」「刺身は、次の日まで残せないですからね」なんてお客さんとやり取りすれば、「この店は新鮮な魚を出してるんだな」という評判につながるでしょ。黙ってたって毎日そうやっていれば、扱う魚の鮮度は伝わる。店にとって、最高の宣伝になるよ。

うちから独立して、近くに魚市場があるような場所に店を出した子がいるんだけどね。頑張って鮮魚を毎日八種類ぐらい揃え、今ではすごい繁盛店になっている。店の前に「〇〇の地魚売ります！」なんて看板も出していてね。なんてことはないけど、すごくそそる文句でしょ。

魚っていうのはさ、店の武器にしやすいんだ。豚や牛じゃ、高いブランド肉でもなければ良さをアピールするにはひとひねりする必要があるけど、魚は鮮

度をアピールすれば、お客さんの心をくすぐることができる。そしてせっかくの武器を効果的に使おうと思ったら、仕入れたその日に売り切らなきゃいけない。

最初は苦しいと思うよ。その店の子だって、初めの頃はかなり苦しんでいた。でも、六、七坪の小さな居酒屋ならロスが出たって知れている。三〇坪の店とはわけが違う。だったら、儲けはなくても、仕入れ分だけは取り返そうぐらいの気持ちで、最初の半年はふんばればいい。それで、店にお客さんがしっかり付くようになったら、半額で売ることをやめればいいんだ。

常連になってくれたお客さんに「今度の〇曜日、食べ切れないぐらいの魚介鍋やるから友達連れて来てよ」なんて言ったっていいよね。いつもより多く魚を仕入れれば、リスクも高いけどすごい販促になる。

だってうまくいけば、一人のお客さんが二人、三人連れて来てくれる。そのうちの一人でもまた常連になってくれたら、うれしいじゃない。予約を入れてくれたらベストだけど、予約を取らなきゃそんなことできないなんて思っていたら、店は伸びない。

ロスが出ないように縮こまった商売をするんじゃなくて、あえてロスを出してもかまわないと考える。そうすることで、店の実力が付いてくる。ロスを気にするぐらいだったら、そもそも店を出すな、とオレは思うよ。

半額で売るようなサービスは、一度始めたらやめられないのではと不安に思うかもしれない。でも、新しく店を出して顧客を作るためにやる大サービスは、お客さんが店に付いてくれた頃合いを見計らってやめても、大丈夫。もちろん、それ以外に店に魅力がなくちゃいけないけどね。

「昔は良かったよね、こんな刺身の山盛りが半額になってさ」「あのときはヒマだったからね」。そんな会話を笑いながら自然にできるようなお客さんが付いてくれたら、最高だよね。苦しいときから店を支えてくれた、そういうお客さんとの関係は、ずっと続いていくもんだ。

それより、気を付けたいのは、忙しくなると落ちてくるサービスの質だ。こっちの方がよほど、お客さんを失う危険がある。

連日大にぎわいの、ある繁盛店のことだけどさ。いい店なんだけど、最近では生ビールを頼むと、ほの温かいジョッキで出てくるようになった。小さなことだけど、そうしたことから店の評判は落ちてくるんだ。

忙しくたってできるサービスは、いくらでもある。例えば、焼きサンマを出している時期。お客さんを見ていると、サンマの身をほぐすのに結構苦労している。これって、コツがあるんだよね。だから、お客さんにサンマを出すとき、「こうやると簡単にほぐれるんですよ」と教えてあげれば、それだけでちょっとしたサービスになって、お客さんとのコミュニケーションも生まれる。

お客さんと話すのが苦手でという人もいるだろう。苦手意識を克服しようと思ったら、狙い目は二人組のお客さんだ。特にカウンターに座っているお客さんには、声をかけやすいよね。「じゃんけんで勝ったら、デザートをサービスしますよ！」なんて、「イベント」にも持っていきやすい。イベントになれば、店全体も盛り上がるでしょ。

声をかけやすいということは、店のファンにもしやすいということ。まずは、こんなところから顧客を増やしていけばいいんじゃないか。そうオレは思うんだ。

シロウトにはシロウトの売り方がある！

うちで、ワインを前面に押し出した店を作ったときのことだけどね。ワインというと、ソムリエとかその道のプロがいないと売りにくい、って考える人もいるかもしれないけど、オレは全くそう思わなかった。うちの店はあくまで居酒屋だからね。いわゆる「ワイン通」に評価される店じゃなくていい。だから、スタッフはみんな「シロウト」でよかった。

だいたい、最近はおいしいワインに関する情報がちまたにあふれてるわけじゃない？　手頃な価格なのに専門誌の賞を取ったワインとか、有名ソムリエお薦めのワインとか、そんな情報がすぐ手に入る。だから、そうしたアピールしやすいワインに力を入れて仕入れればいいと思ったんだ。

自分たちに知識がないなら、外の「プロ」の力を借りればいい。お薦めワイ

ンの記事が載った雑誌を店内に置くだけで、商品の説明とアピールになる。必要な知識は、営業していくうちに、少しずつ付けばいいでしょ。

ワインを開けるのにもさ。最近は、電動のワインオープナーってあるじゃない。ボトルの口にセットしてスイッチを押すと自動的にコルクが抜けるの。それをお客さんの前でやってみせて、「便利だね～」「いいでしょう？」なんて会話ができたら、接客につながるでしょ。ソムリエナイフで抜栓するのが「通」のやり方みたいだけど、うちはこれでいいと思うんだ。

ほかの店を見ているとさ。お客さんの前でコルクを抜く技術がないからって、バックヤードで抜いたワインを出す店なんかもある。興ざめでしょ。それならワインなんか出さない方がいい。

シロウトにはさ、シロウトの売り方ってもんがあると思うんだよ。

四〇年も前に、オレがまだ小さな居酒屋をやっていたときのこと。刺身を出そうと思ったら、技術がないからうまく切れない。切り口がぐちゃぐちゃなのをごまかすため「刺身のぶった切り」って呼んで丼に盛って出していた。

ある日、仲良くなった築地の老舗寿司屋の親父が来てくれてね。「ぶった切り」を出したら、「この出し方に、オレは何も言えない」って、これはこれで一つの出し方だって、言ってくれたんだ。うれしかったね。

だから、ワインを売ると言ったって、「これはエレガントな味わいで」とか「これは渋みと酸味のバランスがよくて」なんて言えなくたってオレは構わないと思うんだ。

ワインを売る店をやって気が付いたのは、女性のお客さんが思った以上にワインで盛り上がること。ボトルの栓を開けたときに彼女たちが一斉に「わーっ」と歓声を上げる。こんなことは、焼酎や日本酒ではまずない。

そこで、この店を出してからすぐ、別の店でスパークリングワインに絞って品揃えを厚くした。ワインを何十種類も置くことはできない店だけど、スパークリングだけはボトル売りで一五種類ほど置いた。

オレは店に、よく古材を使うの。ピカピカの新しい材料より味があって、空間に「色気」を出してくれる。独立したばかりで接客がまだうまくできない子でも、古材や中古の家具で店を埋めると、場が持つんだよね。

スパークリングワインのコルクは音を立てないで抜くのが正式らしいけど、うちは居酒屋なんだからそんなの関係なくて、お客さんが楽しい方がいい。だからサービスをするときに、お客さんに「ポンって抜きますか？　シュウって（静かに）抜きますか？」って聞くようにした。すると、ほとんどのお客さんは「ポンがいい！」って言うんだよね。それで、店のあちこちで、毎日ポン、ポンって音が鳴り響いて、お祭りみたいに盛り上がるんだ。

シロウトならではの売り方で、お客さんにアピールする方法を考える。そうするうちにワインの知識を徐々に付ければ、店の子が独立する頃にはいい武器になる。オレはそう思うんだよね。

絶対に売り切れるメニューの勧め方

うちのある店でね。季節を問わずおいしいカンパチをとにかく売ろうって決めたことがある。そのため、お客さんが料理をオーダーするまでに三度は、「カンパチがおいしいですよ！」って勧めるようにした。

一度目は入り口で。靴を脱いでもらう造りなので、まず、お客さんが履物を脱いでいるときに一言、「今日のカンパチはおいしいですよ」って、声をかける。お客さんが席に座ったときにも一言、そして、メニューを見ているときに更に一言「カンパチおいしいですよ！」とたたみかける。一皿五八〇円のお刺身だ。三度も勧めればだいたい、オーダーしてくれるけど、迷っているお客さんにはもうひと押し。「本当においしいから一切れでもいいから食べてみて！」って、一切れ一〇〇円のお刺身を用意した。ここまですれば、まず間違いなくオーダーをもらえる。

それで本当においしいと思ってもらえたら、後はカンタン。ほかのお刺身だって売れるようになる。この店ではカンパチは毎日一本買いできるほど売って、お刺身も常に七、八種類用意するようになった。

重要なのは、店の子たちが「生きた言葉」でお客さんにおいしさを伝えられること。自分で実際に食べてなければこれはできないから、ここではまかないにお刺身を出した。

この店は、初めて店長をやる子に任せてたんだけど、この子は魚屋さんに仕入れの電話をするときに、注文をするだけじゃなく、必ず「○○のお刺身はお客さんに人気がありますね」なんて報告するの。うちの店と長い付き合いがある魚屋さんだけど、「こんな店長は初めて」と気に入ってくれてね。「今日はクロダイがおいしいよ」「梅雨には〝梅雨イサキ〟っていってね。イサキがおいしいんだよ」なんて情報を教えてもらえるようになったんだ。それがみんな、営業時のお客さんとの会話につながっていくんだよね。売り続けるためには、毎日のこんな積み重ねが、とても大事なんだよね。

一方で、店をやっていれば、店の調子が悪いことだってある。それを恐れることはないとオレは思う。そんなときは、店を変えるチャンスでもあるからだ。新しいことに挑戦する、いいきっかけになる。店をガラッと変えて勢いづけられれば、働いている子たちに元気が出るしね。そうすれば、自然にお客さんに入ってもらえるだろう。

うちで、売り上げが下がった店の店長を代えたときのことだけどね。ここを任せた子が、先のお刺身を売った店長だった。彼はそれまでクーラーボックス一個分しか仕入れてなかった刺身用の魚を、一気に魚箱四、五個分にしたんだ。そして、店の子たちの前に魚箱をボンって置いてさ。「これ全部、今日の分。魚は鮮度が命だから、売り切らなかったら捨てちゃうからな！」って宣言した。もう、みんな目を丸くしてびっくり。だけど、その意気込みが伝わったんだろうね。その日のうちに魚を売り切った。

彼は前の経験を生かして、お勧めのタイミングを徹底的に考えた。**お客さんの心はファーストオーダーのときにほぼ決まってしまう。だからオーダーを取るときではなく、お客さんが選び始める前を狙って、店から積極的に刺身をアピールしたんだ。それだけで注文率は全然違った。**

更に、遅い時間になって魚が売れ残りそうだったら、「売り切りたいんで、厚めに切っておきました!」なんて言って、厚く切った刺身をお客さんに出した。

店が魚を売ろうという雰囲気に染まってからは、バイトの子も自分で考えて、刺身のお代わりを積極的に客席まで聞きに行くようになった。普通なら、お代わりなんてドリンクぐらいしか聞かないものだけど、売り切らなきゃと思えば、みんな必死で売り方を考えるんだよね。

いつも新鮮な魚を出せるということは、流行ってる店の証しみたいなもの。

お客さんに胸を張って勧められるから、働いている子たちにも活気が出る。そのうち、「ここはすごく頑張って売ってくれる店だな」と仕入れ先に思われるようになり、大しけの後でも良い魚をたっぷり回してくれるようになった。そうやっていい循環ができて、店は元気になっていくんだ。

お客さんを必ずリピーターにする方法とは

大手の激安店が自分の店の近くに出店すると、みんな戦々恐々とする。でも、隣の店が自分の店よりどんなに安かろうと、本気で売ってるなら、怖くなんかないんだよね。

周りを見回してみれば分かると思うんだ。例えば、一〇〇円ショップが出てきても、世の中の商品が全部一〇〇円になったわけじゃない。高級品だってどんどん売れるものがある。少しでも安い醤油をとスーパーで特売品を買う人もいれば、産地や原材料にこだわった高い醤油を買う人もいるじゃない。

要するに、世の中の価値観は一つじゃないってことだ。だから、値段で勝負の安売りの店をやるっていうんじゃないなら、どうやったら店のメニューが売れるのか。それをひたすら考えればいいだけなんだ。

そんなの、いつも考えてる、って言うかもしれないけどさ、売れないってぼやいてる飲食店の人が、どこまで真剣に売ることを考えてるのかって、オレはよく思うんだよね。

ほかの業界で働いてる人に目を向けると、ホントすごいわけじゃない。例えば、家電。もう、これ以上進化することなんてあり得ないって思っても、メーカーの人があらゆる知恵を絞って、次々と新しい機能を持った製品を出してくる。

冷蔵庫なんかさ。基本は食べ物を冷えた状態で保存するというシンプルな家電だけど、メーカーの人は一生懸命研究して、ラップを掛けなくても庫内で食品が乾燥しないものとか、扉が右開きにも左開きにもなるものとか、お客さんが喜ぶ機能を次々考え出してくる。四六時中真剣に、何をしたらお客さんが喜ぶのかって考えてるからだと思うんだ。そんな努力が飲食店にも必要だよね。

自分の目の前にある一秒一秒が、売る機会だと思うこと。それが大切だ。

オレはさ、よくうちの店で飲むんだけど、女性のお客さんが近くに座ると「こんな飲み方知ってる?」なんて言って、スパークリングワインにアイスクリーム入れてみせたりするの。そうしたら、シュワーってすごい泡が出るじゃない?女の子たちは、「わ～っ」って喜ぶんだよね。

オレが店の親父だってことは、そのうち、なんとなく相手に伝わる。そうしたら、「ここの店の親父、楽しい!」なんて思ってもらえる。するとまた、来ちゃおうかな、と思ってもらえるんだ。そんな小さなことの積み重ねなんだよね。

北海道のある人気店の話なんだけどね。ここのマスターが、お客さんが食べているところをじ～っと見るの。ひと口、料理を口に入れると、「どうよ?」と、うれしそうに聞いてね。それで、「おいしい!」なんて言うと、作り方まで教えてくれる。

そんな店に行ったら、お客さんも楽しいよね。

だから、仕込みの最中にも、お客さんが料理を口に入れた瞬間にどんな顔をするだろう、ってイメージする。「どう？」って問いかけたときの顔を想像する。それが、売れる店につながっていくと思うんだ。

特に経営環境が厳しいときはさ。すぐメニューを変えたくなったりするもんだけど、メニューなんか変えなくたって、「どう売ろうか」って考えるだけでも、絶対に売れるようになる。

例えばさ。冬は鍋が売れる季節でしょ。それで、うちの店では、とにかくお客さんに「足してくれ」って言われる前に、鍋にスープを足しに行くようにしているんだよね。

スープを足すと味の加減が分からなくなる。だから、うちの子たちには、ソムリエがワインをテイスティングするためのカップとかを首に掛けさせてさ。それで、必ずスープの味見をするように言ってるわけ。

そして味が調整できたら、スープを飲んだ途端「うまい！」って、絶対言うの。「こんなうまいもの食べてたんですね！」なんて言えば、目の前の鍋が何倍もおいしくなる。お客さんも楽しくなるし、また来たい店だと思ってもらえると思うんだ。

グラスワインなんかもさ。仮に普通より多い量を出していたとするじゃない。だったら、席でワインをグラスに注ぐとき「普通、ソムリエさんってここまでしか注がないんですよね～」なんて言って一度注ぐのをやめるんだ。それから、「でも、うちはここまで注いじゃいます！」って言いながら、たっぷり入れてあげる。そうすれば、お客さんは最初から多めのワインを注がれるより、ずっとうれしいはずでしょ。

気を付けなきゃいけないのはさ。初めはちゃんと気を配っていても、だんだん面倒になって、ただスープを足したり、ワインを注いだりしちゃうこと。それが、「売れない」につながっていくんだよ。

商品を眺めるだけで出て行くお客さんが多い物販店と違って、飲食店は、店に入ってくれたお客さんは絶対、商品を「買って」くれる。お客さんに最大限にアピールするチャンスがある。つまり、一度来たお客さんが再び訪れることがなかったら、それは全部自分たちの責任ということだ。だから、どんな小さなチャンスも無駄にしちゃいけない。オレはそう思うんだ。

忘年会シーズンは、特別なことをするな

飲食業界では、年末は忘年会シーズンに向けた販促をみんな考える。でもオレは、年末だからといって販促をかけたことはない。営業に行ったこともないし、せいぜいトイレに忘年会の予約案内を貼るぐらい。しょせん、年末の売り上げなんて一時的なものだからね。

それよりも、この時期には、普段飲まないような人も店に来る。新しいお客さんが、馴染みのお客さんに連れられてどんどんやって来る。そのお客さんをどうリピートさせるか。それを考える方が、断然、店のためになるよね。

だいたい、忘年会シーズンというのは、日本中の店の質が「悪く」なるでしょ。混み合っていて、店員も忙しくて、お客さんが呼んでもなかなか席にやって来ない。そういった店と比べて、自分の店がどれだけ良い印象を残すかを考

える方が先々の売り上げに結び付く。特に一月、二月の売り上げに、確実に結び付くと思うんだ。

なにも特別なことをする必要はない。灰皿一つ、取り皿一つ取り換えるだけでも、全然違う。例えば、お客さんに離れたところから呼ばれたとき「少々、お待ちください」と言うんじゃなくて、「はい、すぐ行きます！」と言うだけでも、お客さんの印象は変わると思うんだ。

「すぐ行く」と言ったとしても、お客さんの席に行くまでの時間は、結局変わらないかもしれない。でも、同じ待たせるのでも、できるだけ早く行こうという気持ちがこもった言葉と、「忙しいんだから待っててよ」という気持ちが出てしまう言葉では、全然違うはずだ。それで、席に行ったら、「お待たせしてすみません」と頭を下げる。小さなことだけれど、これでお客さんの印象は大分変わると思うよ。

年末に向けた「対策」を練るなら、販促じゃなくて、むしろお客さんを待た

せないような工夫に力を注ぐべきだよね。例えば、メニューは当然、早く出せるものに変更する必要があるだろう。通常のメニューで鶏の唐揚げをアツアツで出していたとしたら、同じ鶏でも南蛮漬けにして一、二分で出すとかね。ご飯ものなら、すぐ出せるおにぎりにする。その代わり、お客さんが「へえ」って驚くような具を考える。満足度は下げずに提供するまでの時間を短縮する。そんなメニューにできるといいよね。

どうしても待たせてしまうようだったら、「サービスです」と言って、何か一品、すぐ持っていけるものを出してもいい。待たせているってことは、逆にお客さんの心にグッと入りこむ、ひとつのチャンスなんだ。別に、特別なものを出す必要はない。肉じゃがをお皿に盛って出すだけでも、お客さんは喜んでくれると思う。

忙しい、というのは店の事情であって、お客さんには関係ないことでしょ。忙しい時期だって、普段と同じようにお客さんはいい時間を過ごしたいと思ってる。それにどれだけ応えてあげられるかが、リピートしてくれるかどうかにつながってくると思うんだ。

だいたい、年末に限らず、忙しくて売り上げが上がるという時期は、絶対に接客の質が落ちている。お客さんに「前と違っちゃったね」なんて言われる。でも、だからこそ、客足が落ちたときは店を良くするチャンスなんだよね。何が足りなくて落ちたかが、ハッキリと分かるからさ。

客足が落ちたときにやるべきなのは、まず、来てくれたお客さんの顔を覚えることだね。これは、もう絶対だ。それで、また来てくれたら、必ず声をかける。どんなことでもいい。例えば女の子が来て「あの子、二度目だ」と思ったら「この間は赤いセーター着てましたね」なんて話をする。お客さんは、覚えてくれてたんだって、うれしいでしょ？

さらに言えば、お客さんの名前を覚えたい。前に、ある店に初めて行ったときに、そこの店主に名前を聞かれて、「宇野です」って答えたら、すぐに、話をするとき名前で呼んでくれたって話をしたと思う。実はそこの店ではさ、その次に行ったらアルバイトの子も「宇野さん、おしぼりです」って言って出してくれたんだよ。すごいことだよね。

自分のことを覚えてくれているというのは、どんな場面でもうれしいことだ。ある駅の売店でのことだけどさ。ゴルフ雑誌を買おうとしたら、「お客さん、その号はもう買ってますよ」って売店のおばちゃんが言ってくれたんだ。そんなこと覚えてくれてたんだって驚いたし、うれしかったよね。

オレたちがやるような小さな居酒屋は、地域に根差していく店だ。町の八百屋さんやクリーニング屋さんと一緒なんだよ。こういう町の店は、個人個人の顔が見える付き合いをするわけでしょ。だから、名前を覚えるなんていうのは、特別なことじゃなくて、ある意味、当然のことなんだ。飲食店の中には、大きな事務所を構えて経営者は全然お客さんの顔を見ない、なんてチェーンもあるからつい忘れがちになるけど、普通の町で息長く店をやっていくには、絶対に必要なことなんだよ。

だから、初めて店を持ったときも、まずやるべきことは、お客さんの顔と名前を覚えることだ。そうやって、週一回は通ってくれる常連を作る。一〇坪ぐらいの店を始めたとして、一カ月以内に一〇人の常連客を作る。地元のお客さんが夕方、ちょっと飲みに行こうかなと思ったときに思い出す店のうち、三本の指に入ることを目指す。それが、店を成功させる秘けつだと思うんだ。

「安いから行く」店では不況に勝ち残れない！

近頃は、様々な値引きサービスが目立っているよね。でも、値引きサービスをしても苦しいだけ。飲食代金の半額分の金券をバックするなんてサービスもあったけど、大手ではよくても、オレたちのような小さな店では意味がない。オレたちが目指さなきゃいけないのは、「半額だから行く」店じゃなくて、「楽しいから行く」店だからね。

うちの店でも、来てくれたお客さんに、次回の来店時に使えるクーポン券なんかを渡している。全く値引きサービスをするな、ってわけじゃない。**でも、クーポン券でお客さんを引き付けようなんて思っちゃいけない。店にお客さんが付いてくれるのは、安いからじゃなくて、その店に魅力があるからでしょ。**

安さで勝負することになると、ライバルがコンビニのおでんとかビールになるんだよ。店で飲むより家で飲んだ方がいいと思われてしまう。でも、店に魅力があれば、そんな厳しい競争はしなくていいはずだよね。

だいたい、値引きばかりしてるとさ、お客さんにもともとその値段で採算を合わせてるんじゃないかって、思われかねないよね。それに、本当にお客さんにアピールできる安さっていうのは、単なる値引きとは違うと思うんだ。

例えばね、馴染みの焼き肉屋があるんだけどさ。そこの親父は、「うちの肉は、肉屋で買うより安いからね！」って言うんだよ。オレはその親父がいかに肉にこだわっているか、よく知ってるからさ。「へぇ、質がいいのに安いんだ」って素直に思える。

それと、うちから独立したある子の店ではね、カウンターに小型の水槽みたいないけすを置いて、車エビを入れてるんだ。これだけで、ほかの刺身もみんなものすごく新鮮に見える。天才だと思ったね。で、この誰が見ても新鮮なエビを、ここでは一匹一八〇円で塩焼きなんかにしてくれるの。

この二つの店みたいに、「安い」というのは、付加価値があってこそ、生きてくるんだと思うんだ。

ちなみに、うちの店でもイベリコ豚を安く入れててね。それが、ある有名焼き肉店と同じ肉なんで、お客さんには「○○と同じ肉なんですよ」って、そういうアピールができるんだ。

魚でもさ。お客さんが頼みやすいように、魚の質は変えないでポーションを小さくして、値段を下げたこともある。でも、ただメニューに表示する価格を下げたんじゃ、お客さんに変わらないおいしさをアピールできない。

うちは築地で修業して、三〇年以上魚の買い付けをしている親父さんから魚を仕入れている。そこで、買い付けをする親父さんが築地で魚を選んでいるところを写真に撮って店内に貼った。うちの店の刺身は「なぜうまい！　どうしてリーズナブル！」ってことを説明する文章を付けてね。こんなふうにすれば、メニューを魅力的に見せることができて、オーダーにもつながるでしょ。

お客さんにメニューをアピールするために大いに利用したいのは、スタッフの田舎だ。東京や大阪など大都市だと、店主も含めてスタッフに地方出身者って多いでしょ。これは絶対、武器にできるよね。出身地の食材をメニューに取り入れてさ。地元の野菜とか豚とかね。

すごく凝った食材である必要はないよ。シンプルに「オレの地元の○○のネギでね。すごくおいしいから食べてみて」って土地の名前を言えたら、それだけで売りになるじゃない。「同級生の親父が作っててね」なんて言えたら、野菜ひとつにもストーリーができるでしょ。スタッフのお母さんが地元でアイスクリームを作って売ってたりしてさ。それを仕入れて「これ、こいつのお母さんが作ったんですよ」なんて言えたら、お客さんも「へぇ」って思うよね。そんな会話ができれば、店の魅力の一つにできる。

うちの店の中にね、五島列島のイカを出してるところがあるんだけどさ。スタッフの嫁さんの知り合いで、趣味でイカ釣りをしている人が向こうにいて格安で譲ってもらってるんだ。食材にそんな背景があるから、「オジサンがこう釣り糸を垂れるとね、向こうからイカが飛んで来るらしいんですよ!」なんて冗談も言える。これって、ものすごい強みだよね。築地で最高級のイカを仕入れたって、こんな話はできないでしょ。

それに、アルバイトだって、自分の出身地の食材について「店で出したいから、ちょっと調べてよ」なんて言われたら、うれしくて働くモチベーションにつながるよね。そんな店は全体に活気が出てくると思うんだ。

食材以外にも、店をアピールする方法はある。例えば、トイレの壁だってさ、利用しなきゃいけないツールだよね。だって、お客さんはトイレに入ったら、絶対、壁を見るわけじゃない。だから、それでどの程度売れるようになるかは分からなくても、販促のチラシは絶対貼った方がいい。

直接売ることに結び付かなくても、自分が旅行に行ったときの写真なんかを貼っておくのもいいよね。「○○行ってきたんですか?」なんて、お客さんと話が弾むきっかけになる。お客さんといい関係ができれば、お店のファンになってもらえるでしょ。

それとね、雨の日もチャンスなんだよ。使い捨てのビニール傘って、家に余ってたりするじゃない。これも最高の接客ツールになる。お客さんを送り出すとき雨が降り出していたら、「どうぞ、持っていってください」って差し出せるわけでしょ。店の価値を上げるために利用できるものは、ありとあらゆるところにあるんだよ。だから、どんどん使っていかないとね。

「売る力」を付けるということ

オレは安さだけでお客さんを引き付けるような商売はやらない。理由は、つまんないから。値段が安いから人が来る店じゃなくて、行くと楽しいからつい足を運んでしまうような店をやりたいんだ。お客さんと楽しく話をしながらメニューを売る。そうすれば、自分も商売を楽しめるでしょ。

確かに経済が悪い時代には、「安い」ということが重要なキーワードになってくる。でも、いくら不景気と言ったってさ、「安い」だけがお客さんの目線に立った商売の仕方じゃないでしょ。

以前にね。テレビで鉄材メーカーの話を取り上げていたんだ。

鉄材って、通常はある一定の重量単位でしか売らないものらしい。そうやってバルクで買えば、一本一本の値段は安くなるんだけど、ちょっとしか必要じゃなかったら、残りを倉庫に保管しておかなきゃいけないから、倉庫代がかかるでしょ。

そこで、その鉄材メーカーでは一〇センチ単位のカット売りをすることにしたわけ。目方売りに比べたら高いんだけど、倉庫代を考えたら、こちらの方が得ってことも多い。更にすごいのは、注文した日に必ず納品してくれること。こうなれば、多少割高でも、十二分に納得できるというわけだ。

飲食店でも、「安さ」に頼らないお客さん目線の発想が必要じゃないかって思うんだよね。

安売りというのはさ、六本木や銀座といった客単価が高い場所では、ほかの店と差異化ができて有効なのかもしれないけど、もともと安い店の多いエリアでは特徴になりにくい。結構難しい手法だと思うんだよね。

だからさ、値段で勝負するんじゃなくて、例えば安さを売りにする店より一〇〇円高いけど、おいしくて、楽しい店を考えるべきだよ。そうでないと、

どこであろうと勝負できる力は付かないと思うんだ。

うちのある店でね、魚に力を入れようっていうんで、いけすにアジを入れて、客席から見えるようにしているところがあってね。「何本売れる?」って店長に聞いたら、「二〇本売ります!」って言うわけ。バカじゃないかって怒った。「売る」っていうなら、二〇本なんて半端な数じゃなくて、五〇本、一〇〇本と、本当にスゴイって思えるぐらいの数を売らなきゃ意味がない。「余ったらどうするんですか?」なんて考えるヒマがあるなら、絶対余りは出さないという気持ちで一人でも多くのお客さんに声をかけないとダメ。

余りそうだったら、氷の上に生きたピチピチのアジを載せて「売り切りたいんで、新鮮なアジどうですか?」って客席に持っていけばいいじゃない。お客さんは絶対「おっ」と思って、オーダーしてくれるよ。それでも迷っているようなら、「じゃ、プリン付けちゃおう!」なんてたたみかけてもいい。最後は原価を取れればいい、と思うぐらいの覚悟で高い目標を設定して売り切らなければ、「売る力」なんていつまでたっても付かない。

とはいえ、実はうちの店でも、お客さんの数が落ちてきたときに「半額セール」をやったことがある。毎日一品、その日のスペシャルメニューを作って、それを何人分かの先着オーダーだけ、定価の半額で売った。

例えば、お豆腐に挽き肉とモヤシの炒め物を載せて定価八〇〇円で売れる料理を考え、先着何人分かに限っては四〇〇円にするといった具合だ。これなら通常の安売りと異なり、既存の商品の価格を値下げしないで、お値打ち感をアピールできる。

でも、この「半額セール」の大事なところは、単に安く提供するだけじゃないってこと。こうすることで「売る力」がアルバイトにも付くってことだ。

だって、「半額にします！」って言えるなら、バイトの子でもお客さんに話しかけやすいし、売りやすいよね。実際、このメニューの大半は、バイトの子が売っていた。今は「半額セール」に頼っているかもしれないけど、そのうち力を付けてくれれば、セールをやめても、いろいろなものを勧められるようになる。バイトの子にきっかけや自信を与えるという効果があるんだ。

そして、お客さんはこのメニューだけ頼むということはないから、半額メニューは単純に「プラス一品」になりやすい。店の中が自然ににぎやかな雰囲気になって、華やぐのもいい。

もう一つ、この作戦のいいところは、メニュー開発力が付くということだ。モヤシと豚コマを使ってかき揚げを作ってみたりとか、サキイカを使った揚げ物を出してみたりとか。とにかく日替わりで高い定価でも売れるスペシャルメニューを出さなきゃいけないから、みんなあれこれ頭をひねって考えたよね。

「売る」ってことは、①メニューを企画して、②仕入れをして、③作って、④それをPRして、⑤実際に販売して、⑥お客さんに「どうですか?」ってアフターフォローをする。そこまで、きっちりできないといけない。「半額セール」は、毎日、この①~⑥の訓練をしているようなものなんだよね。

景気が悪いときってのはさ、ある意味、飲食店経営の最高の教科書だと思うんだ。危機感があって、みんな、真剣に考えるでしょ。それで「売る」ために考え付いたことは、全部やってみる。当たってもはずれても、それが、店の底力になっていく。オレは心の底から、そう思うんだ。

初出

「日経レストラン」（日経ＢＰ）二〇〇七年五月号～二〇一〇年一二月号

連載分の「宇野隆史が教える小さな繁盛店の作り方」に加筆修正

楽コーポレーションで育った経営者が見た
宇野隆史《おとうさん》という人

「〝居酒屋の神様〟と呼ばれている人がいるから、そこに行ったらいいよ」

二〇年ちょっと前、脱サラし居酒屋を開きたいと思っていたとき、飲み屋をしていた知り合いが、僕にこんなアドバイスをくれた。「すごい繁盛店をやっているから、そこで勉強すれば、絶対流行る店ができるようになるよ」。

当時二七歳の僕は、居酒屋をやりたいとは思いながらも、店を見て歩いて研究したり、どんな店にしたらよいかと具体的に考えたりしていたわけじゃなかった。だから、「そりゃいい！」とすぐ飛びついて、当時原宿にあったその「居酒屋の神様」がやっている店の一つに行ってみた。

驚いた。店はむちゃくちゃ混んでいて、お客さんは女の子ばかり。当時は僕も若くて、女の子がいっぱい来る店というだけでワクワクしたし、「すごい！こんな店がやりたい！」と素直に思った。

そこで早速、店の事務所に「将来、居酒屋を開きたいので、ここで勉強させてください」と面接に行った。

僕の面接をしてくれた人は、事務所や店のみんなから「おとうさん」と呼ばれていた。そう、社長の宇野隆史だ。彼は来る人拒まずで、僕の話を聞くと「うん、うん、やってみればいいんじゃない？」とだけ言った。そんな調子だったから、即入社。前の仕事を辞めたとき少しは貯金があったけれど、店を開くには到底足りない。それからは、独立資金を貯めるために、がむしゃらに頑張った。

無駄なお金は一切使わない。おとうさんのところで働いていた間、買った服はジーンズ一本。食費は、まかないを食べてタダであげた。雨の日も風の日も、会社から借りた業務用バイク《スーパーカブ》に乗って店に通った。それで五年間で合計一〇〇〇万円を貯めた。

おとうさんの店にマニュアルはない。また、接客にしても料理にしても、あまり細かいことをおとうさんに言われた記憶はなく、ひたすら先輩たちの仕事を見よう見まねで覚えていった。

ただ唯一、今も頭に刻まれているおとうさんの言葉がある。**「自分の前に座ったお客さんは、全部自分のお客さんだと思え」**——。カウンター前にいる厨房担当のスタッフに、おとうさんは口酸っぱく、何度も繰り返しそう言った。

だから、おしぼり出しひとつにしても大変だった。**おしぼり出しは、ホールのスタッフの仕事だなんて考える人もいるかもしれないけれど、おとうさんの店では、ホールと厨房の競争。自分より先にほかのスタッフが「目の前のお客さん」におしぼりを出したら、「負け」だった。**

とにかく、「自分の前にいるお客さんは全員自分のファンにしろ」とおとうさんは言った。僕は料理がダメだったから、とにかくおしゃべりでお客さんを引き付けるしかない。人と話すのは得意だったから、毎日一生懸命、目の前のお客さんの相手をしているうちに、徐々に接客に自信が付いていった。

当時は店がはねると、おとうさんも含めたスタッフで飲み会が始まった。みんなで飲みながら、仕事のことをああでもないこうでもないって言い合う。お酒が入ると、だいたいそのうちケンカになる。おとうさんはその前に寝ちゃうんだけど、実はタヌキ寝入りなんじゃないかってみんな思っていた。なぜかというと、いつも場の雰囲気が怪しくなった頃にパッと目を開ける。それで、すごくツボを突いたことを言って、うまく場を収めていたからだ。

その頃、おとうさんは子供の教育のためにのびのびとした環境に住みたいって言って、八ヶ岳に家を構えていた。週の半分は東京にいるんだけど、残りはそこから特急「あずさ」に乗って通って来る。

敷地が六〇〇坪ぐらいある家で、母屋のほかに渡り廊下でつながったログハウスがあった。ここが社員のたまり場。おとうさんが東京にいないときは、営業が終わると高速を車でぶっ飛ばして、夜中の二時、三時にここに着く。ログハウスの扉を開けると、「お疲れさま」っておとうさんが書いた紙が置いてあって、僕たちはサイドボードに置いてある焼酎だのウイスキーだのを飲みまくった。

朝起きると、「朝飯だぞ」っておとうさんが呼びに来て、母屋の広いテラスで大自然を目の前にしながら朝食を食べた。まるで映画かドラマ、はたまた劇画のような、とんでもない暮らしぶりだった。

世の中には、言葉で「夢を見ること」の大切さを語る経営者は多い。でも、おとうさんは決して、口では「夢を見ろ」とは言わなかった。その代わり、「お前たちも、頑張ればこういう生活ができるんだよ」って、誰もが憧れるような生活を実際、目の前に見せてくれた。すごいインパクトだった。これが、口だけで夢について語られたのでは、ピンとこなかったと思う。おとうさんは、現実に形になった「夢」を見せてくれた。だからこそ、心の底からこういう暮らしがしたいって、頑張って仕事をする原動力になった。

三年目に店長を任されるようになって、五年目、三二歳で独立した。店長が辞めるのは店にとってすごく大変なことだと思う。接客や料理が、絶対に弱くなるからだ。だから辞めるときは少し言い出しづらかったんだけど、おとうさんに「独立したい」と言ったら、ゆったり構えて「うん、いいことだ、いいことだね」って、気持ちよく送り出してくれた。

しかし、いざ、自分で店を持ってみて愕然とした。それまでに随分自信も付いて店長も務めていたはずなのに、自分一人になると頭が真っ白になった。駅近くから住宅地の広がる西荻窪に店を持ったんだけど、毎日がらんとしている。どうしたらいいかって悩んで、マンションのポストにチラシを入れたり、駅前でビラを配ったりした。

ヒマだった僕の店に、おとうさんはときどき飲みに来てくれた。それで、料理がどうだ、店がどうだって、さんざん文句を言って、ひどいときには「こんなヒマな店なんか一人でいい」って、もう一人いたスタッフに店を任せて僕を店から連れ出してしまう。それでスナックかなんかに連れていかれて説教された。そんなふうにしておとうさんと話しているうちに、ハッとした。店は、いかにお客さんに来てもらうかが大事なんじゃなくて、いかに帰ってもらうかが大事なんだって、分かってきたんだ。

お客さんに来てもらっても、また来てくれないのならば、永遠に新規のお客さんを開拓しなければならない。そうではなくて、お客さんを喜ばせ、楽しい気持ちで帰ってもらえば、また店に来たいと思ってもらえる。お客さんを呼び込むことばかり考えていたけれど、気持ちよくお客さんに帰ってもらうことこそが、僕が今、やらなきゃいけないことなんだって気が付いた。

「飲食店は健全な〝ネズミ講〟だよ」って、おとうさんはよく言う。店を好きになってくれたお客さんが次のお客さんを連れて来てくれて、そのお客さんがまた次のお客さんを連れてやって来る。店というのは、そんなふうにして成長していくものだという意味だ。

それから僕は、何をしたらお客さんに喜んでもらえるのかを一生懸命考えた。例えば、店がヒマだと、前日の残り物を次の日も出してお茶を濁してしまう、ということがよくある。でも、それではお客さんは、店に来ても楽しくない。**だから、どんなにヒマでも、毎日毎日料理のお薦めを考えて、メニューを替えた。そうすると、売る意欲が出てくるし、お客さんにも自信を持って勧められる。**

メニュー作りでも、お客さんが喜ぶ様子を思い浮かべながら、考えるようになった。例えば、あるとき営業後に行った一杯飲み屋のおばちゃんが、目の前で生のグレープフルーツを搾ってサワーにして出してくれた。当時はそんなもの見たことなかったから、感動した。これはうちのお客さんも絶対喜ぶと思って、すぐに大ぶりの搾り器を買ってきた。それで、生グレープフルーツサワーを作って出したら、ものすごくよく売れた。

そんなふうにしていたら、いつの間にかお客さんが増えてきて店は繁盛し始めた。

独立したスタッフをいつまでも見守ってくれる一方で、おとうさんは究極の負けず嫌いだ。店を持った若い子たちにも、ライバル心をむき出しにする。僕たちの方が若いんだからいろいろ新しいことを思い付いて、「ほら、こんなおもしろいことをやってるんですよ」っておとうさんをどんどん嫉妬させなきゃいけないと思うんだけど、彼は六〇歳も半ば（二〇一一年当時）なのに、今でも僕たちの先回りをしていろいろなことを仕掛けてくる。すごいと思う。

そんなおとうさんを、初めて本気で嫉妬させたんじゃないかと思う店を開いたことがある。西麻布の一軒家に開いた居酒屋。僕の三軒目の店だ。

店を作るときイメージしたのが、男性が女性をくどきたくなる店だ。周囲に駅なんかないような場所で「こんなところに店があるの？」なんて言われながら、男性が女性を連れて歩いて来る。それで、看板も何もない「民家」の扉を開けた途端、「いらっしゃい！」って、突然居酒屋の世界が広がる。

取材も一切受けなかった。女性情報誌なんかに一度でも店が出てしまえば、「あ、私ここ『○○』で見たことある」なんて女性に言われてしまう。そうしたら、男性は立場がない。遠いところまで来てもらうけれど、絶対にソンはさせないって気持ちで作った。開店したのは一〇年以上前だけど、最近、英国の高級紙『ガーディアン』の記者が付けた、東京の居酒屋ランキングでトップになった店だ。

そんな店をやることになって、オープニングにおとうさんを呼んだ。そうしたら、ちょっと中を見て、ぷいっと帰ってしまった。実は、同じ時期に下北沢におとうさんの店が開店したんだけど、「一本取られた！」と思ったんだと思う。しかも、これが同じ内装屋さんが手掛けた店だった。おとうさんの店はビルの中の店だったんで、一軒家を使った店とは比べられないと思うんだけど、条件の違いなんかおとうさんには関係がない。絶対に自分こそが、相手を嫉妬させる店をやっていたい人なんだ。

この二〇年、飲食業界はものすごく様変わりした。バブル直後と比べると、大手と言われる外食企業が市場全体に占める割合が大きくなって、業界が「企業化」している。

そんな中でおとうさんのすごいところは、何十年たっても商売へのスタンスが全く変わらないことだ。

二十数年前、世の中が好景気に沸きかえっている頃、連日お客さんで満杯の店をやっているおとうさんのところには、フランチャイズや全国展開の話なんかが舞い込んでいたと思う。フランチャイズ化でもすれば、創業者には大きな利益が舞い込む。会社も大きく「立派」になる。僕がそんな立場に立ったら、気持ちが動かないという自信はない。

でも、おとうさんは、一切そうしたことに興味を持たなかった。会社を大きくして、仕事が忙しくなって、手帳が真っ黒になるようなつまらない人生は送りたくない。それがおとうさんの口ぐせだ。彼にとって仕事は生きていくための手段。人生の中で一番優先順位が高いのは、常に家族との生活だ。

僕は、おとうさんは「経営者」というのではなく、究極の「飲み屋のオヤジ」なんだと思っている。だいたい、数字の管理は事務所でそれを見てくれる人に任せて、自分は夜な夜な飲み歩いている。**だけどそれで、これと思う店を見つけては、店のスタッフに「こんな店があった」と伝えたり、連れて行ったりしてスタッフの見聞を広げる。実はこんなことこそが、飲食店経営者の一番重要な仕事なんじゃないかと思う。**

僕も今、東京で八店（二〇一一年当時）を経営するまでになって、この仕事の本当のおもしろさ、店をやることの幸せが、ようやく分かってきたように思う。そうして、おとうさんに教わったことを、今も心で噛みしめている。

最後に。僕の前にも、おとうさんの店から独立して、成功している先輩がたくさんいる。だから、僕がおとうさんの本に寄せる文章なんかを書かせてもらうのは恐縮してしまうのだけど、おとうさんの店から「卒業」したみんなを代表して言います。おとうさん、ありがとうございました。そして、これからも僕たちが嫉妬するような店を作り続けてください。いつまでも、ずっと、よろしくお願いします。

二〇一一年三月　ベイシックス代表取締役　岩澤 博

いわさわ・ひろし

一九六一年、東京生まれ。アパレル業界を二七歳で脱サラ、楽コーポレーションの門を叩く。五年後に独立、一九九三年、東京・西荻窪に一号店「てやん亭」（てやんでい）を開いた。その三年後には表参道に店をオープン。以降、西麻布、六本木、渋谷といった東京の人気エリアやオーストラリア・シドニーで、「てやん亭」のほか、「ジョウモン」「ミートマン」「ごりょんさん」など一五店舗を手掛ける（二〇二三年一〇月現在）。外食業界で注目される経営者との交流も深い。二三年一〇月現在、全店で年商一八億円を売り上げる。

新たな道場の始まり――文庫化によせて

二〇二三年の春、オレは楽コーポレーションの社長を退き、会長になった。高校生の頃から一緒に働いている二人の息子たちもいい歳になって、「とうちゃん、いつまで社長やってるんだよ」と言われるようになってさ。彼らも自分たちのアイデアがいっぱいあって、オレも腹を据えて息子たちに頑張ってもらおうと考えた。新型コロナウイルス禍が明け、以前から息子たちがうちの店の新しいステージとして準備していた米カリフォルニア・サンタモニカの店がオープンするタイミングでもあったんだ。それで会長になったら、店の若い子たちと飲みに行って話す機会が増えたんだよね。

オレももう八〇歳目前だ。いつまでも変わらないつもりだけど、このところ、現場の若い子たちとは距離ができてしまっていた。一〇代、二〇代の子たちから見たら、お偉いさんみたいに見えるんだろうね。オレとじっくり話したことがないというスタッフが増えた。

そこにやってきたのがコロナ禍だ。大変じゃなかったと言ったらウソになるけど、泣き言を言っても始まらない。そもそも、オレが飲食業界に入って半世紀以上がたち、その間にはオイルショックもあったし、東日本大震災もあった。コロナ禍が明けるまでは長かったけれど、飲食業界がみんな平等に苦しんでいたわけだよね。泣き言を言っても、商売には何のプラスにもならない。だって、お客さんは楽しい店だから行きたいと思うわけでしょ。だから、店の子たちにはどんなときでも泣き言は言わないエネルギーを持てよ、という話をした。うちの店は、独立を目指す子たちの道場だ。自分で店をやり始めたら、長い間には世の中の浮き沈みが必ずあるから、いい経験になったと思う。

コロナ禍の前には、一カ月に一度、各店の店長のみを集めたミーティングを開いていたんだけどさ。今春からは二カ月に一度、地域ごとに三店舗ぐらいずつのスタッフを全員集めてミーティングをするようになった。コロナ禍を経て、さらにみんなで一緒に店作りをしていかなければと、強く思ったからだ。今は息子たちがオープンしたてのサンタモニカの店の切り盛りで忙しいので、半世紀分のオレの経験を洗い直して、みんなに一生懸命話をしている。もう一度初心に返り、新たな道場の始まりだ。

ミーティングだけじゃなくて、若者たちから「飲みに行きましょう」と誘われることが多くなった。以前は、店の子以外との飲み会も多かったけど、今はそれを控えて、これから独立を目指す若いヤツと飲む機会を大事にしている。一緒に飲みに行くと距離がぐっと近くなって、いろいろな話ができるんだよね。同じ話を先輩たちから聞いたり、オレの本で読んだりしていても、直接話すとすごく新鮮に感じて刺激を受けるみたいだ。

先日は、うちの店がある東京・町田の、百貨店屋上のバーベキューの店で三時間近く若い連中六人ぐらいと飲んだ。飲み放題で、いろいろなスピリッツ（蒸留酒）があったから、全部混ぜてカクテルを作ってみた。それで、若い子に「これにどんな名前付ける？」と聞いたら、なかなかアイデアが出てこない。スピリッツのカクテルなんていったら、飲んだらすぐ酔っぱらうじゃない。だから、「『（天国に）一直線』っていうのはどう？」と言ったら、「その名前で、明日から店で出します！」って言ってくれた。店を繁盛させるには難しいことを考えず、アイデアはすぐに試すっていうのが大事なんだよね。ダメだったら、また考えればいい。失敗の数が多ければ、それだけ当たりもある。会長になって、またそんな打てばすぐ響くような会話を若い連中とできるようになった。

オレは一九七八年に楽コーポレーションを設立して、最初の居酒屋を出した。それから今まで、周りには飛ぶ鳥を落とすような勢いの店がたくさん現れた一方、そうした店がどんどん消えていくのも見てきた。その間、オレが繁盛店作りのためにやってきたことはずっと変わらなくて、ありがたいことに今もお客さんで店が賑わっている。

一から店を立ち上げるのは本当に面白い。オレは大学の空手同好会の一期生なんだけど、体育会とは違って当時は練習場所もなかった。道場がないから、神社なんかで泥まみれになりながら練習して、でも、何もない中でどうやって練習をしようかと工夫をするのが楽しかった。そんな経験も、店を立ち上げるときに少しは役立ったのかもしれない。

オレの一番の財産は、うちの店を「卒業」した子たちの店が流行《はや》っていることだ。坪月商七〇万円を売り上げる店などもあって、彼らが、オレが教えてきたことが「正しい」と証明してくれている。自分と一緒に働いていたOBが、家を建てた、すごい車を買ったって話を聞くと、これから独立を目指す子たちのすごい励みになる。難しいことは一つもない。繁盛店にならない方が、オレは不思議なんだよね。

もちろん、世の中の状況が変わったこともある。モノの値段だ。うちの店は長く三人で飲んで食べて一万円ぐらいという客単価で店をやってきたけど、びつくりするぐらいいろいろなものが値上がりしているから、客単価も上げていかなきゃいけない。そんな中で、OBたちは、客単価が五〇〇〇円とか七〇〇〇円、八〇〇〇円の店もやるようになった。横浜ですごく店を繁盛させていて、三軒目に八席しか座れない小さなおでん屋を出した子は、この店で客単価一万数千円を売り上げたりするという。自分で接客をしていて、「パーソナリティーで売るしかないですよ」なんて言ってたけど、卒業生がそういう客単価の店を繁盛させているというのは、後進の励みになる。ありがたいよね。

自分のパーソナリティーを打ち出せるなら、それは店を繁盛させる上で付加価値になるどころじゃない。店の料理はおいしくなくちゃいけないけど、料理やお酒はむしろ、ついで。お客さんを引き付ける「メインディッシュ」となるのは、店主のパーソナリティーだ。その対価はしっかりいただいていい。「自分にはパーソナリティーなんてない」なんて言う子がいるかもしれないけど、難しいことじゃない。例えば、急に雨が降ったら、店に入ろうとしているお客さんのところまで走り出て、傘をさしてあげる。寒い日にお客さんが店に入ってきたら、「寒かったでしょう」って一言声をかける。開店準備が終わってなくても「寒いから中に入っていてくださいね」なんて言ってあげれば、お客さんは心も温まるよね。

楽の店には外国人スタッフもいる。オレの本は韓国やベトナム、中国で翻訳版が出て、そうした国からうちで店作りを学びたいと言って来る子もいるんだ。それで、まだあまり日本語が上手ではなかったりしたら、それはもう自分のパーソナリティーだよって話している。だって例えばベトナムから来た子が、「わたし、好きな日本のお酒、これです」なんてお客さんに頑張って説明すれば、それでお酒を売れるでしょ。ベトナムから来たことを武器にできる。

みんなさ、目の前に転がっている売るチャンスを見逃しているんだよね。大抵の店は、ただ料理を席に運ぶだけでしょ。オレは不思議でしょうがない。だってさ、「うちのおでん、ちゃんとだしをとっていて、最高にうまいですよ」

なんて言って出せば、隣に座ってるお客さんも頼みたくなるじゃない。ほんの一言、言うか言わないか。その積み重ねが、大きな違いになっていく。

うちの店では、おでんのつゆをやかんに入れて置いている。それを、ときどき店の子たちが味見をするようにしている。つゆを味見していると、あれ何だろうって思うでしょ。ところがそのとき、首をかしげるヤツがいるんだ。首は絶対縦に振って、うん、とうなずかなきゃダメ。そして、黙っているんじゃなくて、「ああ、うまい！」って言わなきゃね。それで、目の前のお客さんが興味を示したら、お皿にちょっとつゆを入れて出してあげる。そうしたら、もう、おでんを食べたいってなるでしょ。楽のOBが店を繁盛させられるのは、こういうことを、積み重ねているからなんだよね。

お客さんに楽しんでもらって「この店にまた来たい」と思ってもらうには、まず、自分たちが楽しむことだ。だから、自分がどれだけこの仕事を好きか、楽しんでいるかを確認しようって、店の子たちに伝えている。自分が楽しんでいないのにお客さんを楽しませようって考えるのは、傲慢でしょ。そして、自分が楽しむためには、まず、周りで一緒に働いている人間を楽しくする。それが、一番基本的なことだ。それができた上で、お客さんに楽しくなってもらうことを考えたら、いい店になるよね。マジシャンは一番、自分自身にマジックをかけてると言うけどさ。居酒屋の店主も、自分にマジックをかけて思い切り楽しんでこそ、お客さんを楽しませられるんだよね。

町で一番おいしい店になるのは無理。頑張ったって一〇年はかかる。でも、一番楽しい店にするには、コンマ一秒だってかからずにできる。その瞬間を楽しくできればいいんだからさ。今は、大手を中心にタッチパネルで注文をする店が多くなっているでしょ。ありがたいことだよね。だって、タッチパネルのメニューじゃ、お客さんをクスッと笑わせることなんてできない。うちの店は、今もメニューは各店の子が毎日手書きしている。書いているときに自分がニヤッと笑えるような一言を書けば、お客さんがメニューを見た瞬間から、タッチパネルの店とは歴然とした差ができる。

メニューを考えるのだって、楽しいってことを軸にすれば難しくない。居酒屋の原点はお祭り。お祭りに行ったときは、色が出る、においが出る、煙が出るものに引かれるでしょ。色とりどりの綿あめが並んで、イカの焼いたにおいが漂って、あれもこれもと買いたくなる。それで楽しい気分で家路について、またお祭りに行きたいと思う。その気分を店で味わえたら、お客さんはまた来てくれるよね。

店を繁盛させる方法なんて、当たり前のことばかり。目の前にあることに気づけばいいんだ。だから、オレは店の子たちに何を見逃しているのかを一生懸命伝え続ける。それが、店の子たちの当たり前になるようにね。

二〇二三年一一月　　楽コーポレーション会長　宇野隆史

2023年10月、東京・経堂の店にて著者近影

宇野隆史（うの・たかし）

楽コーポレーション会長

一九四四年、東京生まれ。早稲田大学を中退し、飲食業の道に入る。七八年、楽コーポレーションを設立し、東京・経堂に大皿総菜料理の草分けとなる五坪の居酒屋「くいものや汁べゑ」や「極楽屋」を開く。八一年には東京・下北沢に「くいものや楽」を出店、一世を風靡する居酒屋に育てた。八八年、個人経営だった楽コーポレーションを法人に移行し、社長に就任。社員はすべて独立させる方針で、同社から巣立ち店を持った飲食店経営者は数百人にも及ぶ。二〇二三年三月から現職。現在、首都圏と米国に一三店を展開する。店のスタッフからは親しみを込め「おとうさん」と呼ばれる。モットーは「一笑一盃」。一日一回は笑って飲もうよ、という意味。転じて、一杯お酒を飲んだら、ひと笑いできる、そんな時間を過ごせる店を理想としている。夫人は、元モデルの丘ひろみさん。

各章扉題字、右イラスト・宇野隆史

本書は、二〇一一年三月に日経ＢＰから発行した同名書に、「新たな道場の始まり——文庫化によせて」を加筆し、文庫化したものです。

日経ビジネス人文庫

トマトが切《き》れれば、メシ屋《や》はできる
栓《せん》が抜《ぬ》ければ、飲《の》み屋《や》ができる

2023年12月1日 第1刷発行

著者
宇野隆史
うの・たかし

発行者
國分正哉

発行
株式会社日経BP
日本経済新聞出版

発売
株式会社日経BPマーケティング
〒105-8308 東京都港区虎ノ門4-3-12

ブックデザイン
坂川朱音(坂川事務所)

本文DTP
マーリンクレイン

印刷・製本
中央精版印刷

Printed in Japan ISBN978-4-296-11945-5

nbp 好評既刊

サイゼリヤ おいしいから売れるのではない 売れているのがおいしい料理だ
正垣泰彦

「自分の店はうまい」と思ってしまったら進歩はない――。国内外で千三百を超すチェーンを築いた創業者による外食経営の教科書。

ディズニーが教える お客様を感動させる 最高の方法
ディズニー・インスティチュート
月沢李歌子＝訳

サービスこそディズニーのすべて――驚異の顧客満足度とリピーター率を誇るディズニーが、独自手法を徹底解説した話題作！

酒好き医師が教える 最高の飲み方
葉石かおり

酒は毒なのか薬なのか？　どうすれば健康なまま飲み続けられるのか。25人の医師や専門家に徹底取材した「体にいい飲み方」。

ワインの世界史
山本　博

メソポタミアで生まれたワインは、どのようにして欧州、世界へと広がったのか？　日本のワイン評論のパイオニアによるワイン全史。

なぜ、お客様は「そっち」を 買いたくなるのか？
理央　周

落ち目のやきとり店が打つべき一手、人気のパン屋と暇な店の違い――。2択クイズを解くだけでMBA式マーケティングの基礎が学べます。